Volkhard Brandes

Wie der Stein ins Rollen kam

Über dieses Buch:

1968 – ein Jahr ist zum Mythos geworden. Von manchen verklärt, von anderen mit Schrecken erinnert. Doch was damals geschah, kam nicht über Nacht.
Volkhard Brandes spürt insbesondere der Vorgeschichte der Revolte von '68 nach. Das Buch umspannt das Jahrzehnt zwischen 1960 und 1970. Es berichtet von der Revolte gegen die Generation der Nazi-Eltern, dem ruhelosen Umherstreifen in fernen Ländern, der Politisierung im Paris des Algerienkrieges, den Schwabinger Krawallen, dem SDS, Beziehungen und Beziehungskrisen und den ersten Versuchen, andere Lebensformen zu erproben, dem Kampf gegen die Notstandsgesetze und den Vietnamkrieg, der Bewegung von '68 und der „proletarischen Wende" am Ende des Jahrzehnts.
Wie der Stein ins Rollen kam geht an Hand von Notizen, Gedichten, Berichten und Erzählungen eines Beteiligten den langen, verschlungenen Pfaden der Revolte nach. In den Erfahrungen eines einzelnen wird die allgemeine Geschichte der Revolte sichtbar.
Wie der Stein ins Rollen kam läßt die Zeit des Aufbruchs und der Hoffnung wieder lebendig werden. Das Buch schlägt aber auch den Bogen zur Gegenwart: Was wirkt bis heute nach?

Über den Autor:

Volkhard Brandes, geboren 1939, studierte in den sechziger Jahren in München und Paris, trieb sich in vielen Ländern der Erde herum, war Mitglied im SDS und anderen politischen Organisationen, arbeitete später als politischer Sekretär und in verschiedenen Verlagen. Publiziert hat er seit 1968 neben Zeitschriftenaufsätzen Bücher über Afro-Amerika, Reise- und Abenteuerbücher für Jugendliche und Erwachsene, Erzählungen aus der Szene, allerlei politökonomische Schriften, Texte zur Arbeiterbewegung, zur Aufarbeitung der Geschichte der BRD-Linken und zum Leben in der Bundesrepublik.
Bei Brandes & Apsel ist erschienen: *Den letzten Calypso tanzen die Toten. Eine tropische Revolutions-Romanze.*

Volkhard Brandes

Wie der Stein ins Rollen kam

Vom Aufbruch in die Revolte der sechziger Jahre

Brandes & Apsel Verlag

Für Julia, die damals noch nicht lebte

CIP-Titelaufnahme der Deutschen Bibliothek

Brandes, Volkhard:
Wie der Stein ins Rollen kam: vom Aufbruch in d. Revolte d.
sechziger Jahre/Volkhard Brandes. – Frankfurt (Main):
Brandes u. Apsel, 1988
ISBN 3-925798-90-0

Umschlaggestaltung: Volkhard Brandes unter Verwendung eines Pflastersteines
aus dem Pariser Mai 1968
Fotos: Volkhard Brandes
Satz: A&M Typo GmbH, Frankfurt
Druck: F. M.-Druck, Karben

ISBN 3-925798-90-0

Inhalt

Jahrzehnt des Aufbruchs

Es gibt Zeiten, in denen die Träume zur Wirklichkeit drängen, und solche, in denen die Träume an der Wirklichkeit zerbrechen. Dieses Buch spürt jenen Träumen nach, die in den sechziger Jahren Wirklichkeit zu werden schienen. Der erstickende Schleier, der in den Nachkriegsjahren über dem Land lag, wurde plötzlich zerrissen. Die Älteren hatten – von Ausnahmen abgesehen – nie wirklich mit dem Nationalsozialismus gebrochen. Die Mehrheit verdrängte, verleugnete und verharmloste ihre Verantwortung für das, was damals geschehen war. Aber nicht nur das. Am Stammtisch vor allem und im trauten Kreis der Familie wurde das „Dritte Reich" schon bald wieder – oder noch immer – verherrlicht.

„Wir sind wieder wer", hieß es vor diesem Hintergrund in den fünfziger Jahren – spätestens seit dem Gewinn der Fußballweltmeisterschaft 1954. Aggressiv wurde das neue Selbstbewußtsein zur Schau gestellt. Es nahm Gestalt an in Sahnetorteorgien und Schmerbäuchen, offenem Kommunistenhaß und verstecktem Antisemitismus, Nierentischen und Caprisonne, Eigenheimen und Autos für jedermann. Man sonnte sich im Wirtschaftswunder. Doch die, die sich da als die neuen Biedermänner bei Bier und Brezeln vor der Glotze räkelten, hatten fast alle Dreck am Stecken.

Je schmutziger in Wirklichkeit die weißen Westen, desto keimfreier das Auftreten der neuen Saubermänner. „Geh doch nach Osten", wurde jedem ans Herz gelegt, der am Lack zu kratzen wagte. Oder: „Bei Adolf hätt's das nicht gegeben, da hätt' man euch vergast." Nestbeschmutzer wurden nicht geduldet, und doch gab es sie. Von den Gegnern der Wiederbewaffnung über die vielgehaßten Halbstarken zu den existentialistischen Aussteigern, die nur ein Ziel kannten: Nichts wie weg! *Unter der Oberfläche brodelte es. Manchmal explodierte es auch wie bei den Halbstarkenkrawallen. Doch ernsthaft war die Macht der Nazieltern noch nicht erschüttert. Anzuecken aber war unvermeidlich: Sonntags ohne Krawatte, Jazzmusik im Radio, das Haar zwei Zentimeter über der deutschen Norm, und schon fing der Tanz in den Familien an. Konflikte ohne Ende. So ging's in die sechziger Jahre.*

Wie der Stein ins Rollen kam *beginnt mit Tagebucheintragungen vom Januar 1960. Es enthält – wo vorhanden – Originaltexte aus der damaligen Zeit. Die Entscheidung zu ihrer Veröffentlichung ist mir nicht leicht gefallen: so manchem dieser Texte begegne ich inzwischen mit Distanz und Kritik, bei anderen fällt es mir noch immer schwer, sie öffentlich zu machen. Oft bleibt mir aber auch nur die Erinnerung. Das, was ich erinnernd, erläuternd oder kommentierend hinzufüge, ist in kursiver Schrift gesetzt.*

Meine Absicht ist es, an einem Einzelschicksal die allgemeine Entwicklung jenes Jahrzehnts sichtbar werden zu lassen – von den ersten, noch orientierungslosen individuellen Äußerungen des Protests, in denen die Brüchigkeit des BRD-Konsenses bereits aufscheint, bis zur kollektiven Rebellion einer Generation in den späten sechziger Jahren. Vom Nichts wie weg! *zum* Nichts wie ran!

Der Titel des Buches ist mehrdeutig. Manche werden an einen der damals so beliebten Pflastersteine denken, einige an die Rolling Stones als musikalisches Symbol der Epoche, anderen wiederum wird das Bild vom Stein, der ins Rollen kommt, alles umfassen, was sich damals bewegte – und das war weit mehr als Pflastersteine.

Wir wurden zwar in den sechziger Jahren zu einem öffentlichen Ereignis, doch was wir wirklich dachten und fühlten, machten wir keineswegs gleichermaßen öffentlich. Wir hatten eine harte männliche Erziehung hinter uns: „Ein deutscher Mann weint nicht!" Wie Panzer sollten wir durchs Leben rollen.

Die Erziehung, die man uns zugemutet hat, hängt uns nach – lebenslang. So fällt mir auch die Offenheit schwer, die dieses Buch erfordert, um nicht an der Oberfläche zu bleiben und auch bis heute Verheimlichtes auszusprechen. Dennoch habe ich Rücksicht genommen. Es geht mir weder um Klatsch und Tratsch noch um das Begleichen alter Rechnungen. Namen nenne ich nur, wo nötig – und auch das zumeist mit Initialen, es sei denn, es handelt sich um allgemein bekannte Persönlichkeiten. Ursprünglich wollte ich dieses Buch anonym veröffentlichen. Schon bald merkte ich, daß ich für viele dennoch zu erkennen gewesen wäre. So habe ich mich entschlossen, die Verantwortung für das Buch offen zu übernehmen. Es ist meine Geschichte. Andere haben eine andere Geschichte. Und doch findet sich darin, wie ich glaube, etwas von der allgemeinen Geschichte jenes Jahrzehnts wieder.

Wie der Stein ins Rollen kam *begreift sich als Versuch einer (selbst)kritischen Aufarbeitung von Veränderungen, die in den sechziger Jahren begannen. Mit Hellmut Lessing bereitete ich ein Buch vor, in dem Beteiligte der Revolte von '68 dem eigenen Politisierungsprozeß nachspüren sollten. Hellmuts Tod hat dieses Vorhaben frühzeitig unterbrochen.*

Stattdessen verfolgte ich einen älteren Plan weiter. Aber auch dieses Vorhaben stand vor dem Scheitern. Unter dem Eindruck des Super-GAU von Tschernobyl wurde es mir zutiefst fragwürdig, einer Zeit nachzuspüren, deren Hoffnungen sich endgültig als große Illusion zu erweisen schienen. Immer hatte ich geglaubt, daß uns eine Chance bleibe, verändernd zu handeln. Die Reaktorkatastrophe von Tschernobyl mit ihren unentrinnbaren Auswirkungen aber nahm mir zum ersten Mal das Gefühl, daß es noch auf unser eingreifend-veränderndes Handeln ankomme. Nach einigen Monaten setzte ich die Arbeit an diesem Buch dann doch fort, mochte die Unsicherheit in mir auch fortbestehen, was wir angesichts all dessen, was Menschen an Zerstörerischem in Bewegung gesetzt haben, noch vermögen.

Wie der Stein ins Rollen kam *ist ein literarischer wie auch ein biographischer und sozialkritischer Steinbruch. Das Buch enthält vieles, das ich unter dokumentarischen Gesichtspunkten aufgenommen habe. Es ist dennoch kein ausgewogenes Buch, sondern ergreift Partei, will dem nachgehen, was uns damals in die Revolte trieb.*

Wie der Stein ins Rollen kam *ist nicht nur für die, welche die sechziger Jahre bewußt und handelnd miterlebten, sondern auch für die, die damals sehr jung oder noch nicht geboren waren. Ich will keine tote Geschichte beschreiben oder Geschehenes nostalgisch verklären. Ich greife die sechziger Jahre auf, weil sie viel mit der Gegenwart zu tun haben, wenn uns auch jene optimistische Überzeugung, die Gesellschaft hier und heute aus den Angeln heben zu können, abhanden gekommen ist.*

Wir haben damals unsere Chance zu nutzen versucht, das Leben zu leben, das uns schmeckt. Geglückt ist es nur selten, doch die Erfahrung lebt weiter. Schon damals wurde deutlich, welches Wagnis jeder Schritt in diese Richtung ist, welche Widerstände einen erwarten. Viele sind auf dem Weg gescheitert oder umgedreht – Spott und Verachtung waren oft die Begleitmusik. Der „68er" ist in Verruf geraten. Dieses Buch wirft einen Blick in die Geschichte jenseits derartiger Vorwürfe. Es stellt aber auch die Frage, ob aus den Tagen des Aufbruchs etwas geblieben ist, das in einer Zeit, in der das Überleben der Menschheit durch den Menschen selbst zutiefst gefährdet ist, dazu beitragen kann, nicht zu resignieren und zu verzweifeln.

1

Panzerungen

1. Januar 1960

Heimaturlaub – Auslauf ins neue Jahrzehnt. Irgendwann fliegen wir aus unserer Stammkneipe. Gröhlend suchen wir die nächste heim und landen dann auf einer Party. Unterwegs biegen wir einige Autospiegel ab, drücken ein paar Scheiben ein und springen schlafenden Käfern aufs Dach, finden allerdings keinen Leukoplastbomber zur Krönung des Ganzen. Den Rest der Nacht hängen wir im Schützenhaus rum und rennen hinter Frauen her, die per Bus angereist sind und gegen Morgen wieder abrücken.

11. Januar 1960

Feldbefestigungsbau. Viel Schnee. Unser Oberschleifer wärmt uns mit Geschichten aus seinem Leben: „Da verprügelten mich einige Wichte aus der Nachbarschaft. Ich weinend zu meinem Großvater. Der gibt mir einen Tritt, und ich rase über den blanken Flur bis zur Tür. ‚Kommst du zurück, ohne daß du die Knechte verprügelt hast, bekommst du von mir noch den Arsch voll.' Ich aus Angst vor meinem Großvater dann drauf auf die Kerle. Habe ich die verdroschen!" Erzählt uns, daß er seiner sechsmonatigen Tochter bereits Judo-Fallübungen im Bett beibringe: „Die wird einmal der Schrecken der Siedlung." Zufrieden wendet er sich wieder uns zu. Aus Liebe zum Mitmenschen, wie er sagt, damit wir nicht frieren und uns erkälten.

13. Januar 1960

Sie verladen uns zwecks innerer und äußerer Aufrüstung zu den Panzergrenadieren nach N. Seltsame Sprüche stehen da an den Wänden: „Vergiß nicht, daß Du ein Deutscher bist." – „Einigkeit macht stark." – „Wir werden den deutschen Einzelkämpfer herausbilden, wie ihn die Welt in zwei Kriegen kennen- und schätzengelernt hat." Wir dämmern vor uns hin, haben gelernt, nicht mehr zu fragen.

20. Januar 1960

Spähtrupplaufen im Schneesturm. Uns bleibt ein Trost: noch 71 Tage. Vor allem aber: kein Ernstfall – doch die Angst im Nacken. Jeden Tag rutscht das Zentimetermaß seinem Ziel ein Stück durch das üppige Pin-up-Girl-Foto entgegen.

25. Januar 1960

Im Camp in großen Winterzelten. Auf einem Stuhl in der Kantine ein dickbäuchiger Grenadier, den Pullover hochgezogen, darunter ein rosiger Schweinebauch. Zwei Kameraden packen ihn sich an der Hose – der eine vorn, der andere hinten. Dann lassen sie ihm ihr Bier einlaufen. Der Saft fließt durch die Hose hinab in die Stiefel, beginnt zu steigen und bald überzulaufen. Nach getaner Tat werden dem Knecht dann die Haare in Bier gewaschen, was den vor Wonne wie ein Ferkel quieken und in der Bierlache tanzen läßt. Schließlich der Höhepunkt der Show, als dem Helden des Abends mit schmachtender Zunge das Bier vom Speckbauch geleckt wird.

8. Februar 1960

Ich bin zur Wasserplatzwache abkommandiert, genieße die Ruhe und die ersten wärmenden Sonnenstrahlen. Auf dem Fluß treiben die Schleppkähne, auf der Uferstraße unter den kahlen Bäumen fährt manchmal ein Auto, und von Zeit zu Zeit kriecht in der Ferne der weiße Qualm einer Lokomotive durch die dunstige Winterluft.

Frühlingserwachen. An einem Tag wie diesem packt es mich stärker als in anderen Jahren. Ich träume davon, wieder unterwegs zu sein. Vor mir die schönsten Wochen des Jahres – Wochen der Sehnsucht und der Erwartung. Wie sehr erst dieses Mal! Sie haben mich nicht klein gekriegt. Ich spüre meine alten Träume wieder aufbrechen. Nie möchte ich von Beruf Soldat sein. Ich brauche die Freiheit; hier wird alles abgetötet – Regsamkeit, Wendigkeit, Lebensfreude; langsam aber unaufhaltsam dringt Stumpfsinn ins Hirn. Es wird Zeit, daß die 365 Tage zu Ende gehen. Lockende Ferne, schimmernde Städte...

22./23. Februar 1960

Um Mitternacht karren sie uns zu einer 24-Stunden-Übung in die Lüneburger Heide. Die Leute laufen da draußen noch rum wie die Heimkehrer von 1947. Wir verbringen die Zeit damit, eine Brücke über einem knietiefen Bach zur Sprengung vorzubereiten. Welche Verblendung. Ansonsten nichts als Pausen und ein ewiges Hin- und Hergekarrtwerden durch diese Gammelgegend, daß man den Magen vor Ekel ausschütten möchte. Zwischendurch versuchen wir, uns mit Witzchen aufzuheitern: „Was ist der Unterschied zwischen der Bundeswehr und einem Irrenhaus?“ – „Im Irrenhaus ist wenigstens die Führung normal.“

25. Februar 1960

Die Wühl- und Zersetzungsarbeit der kommunistischen Spionage ist ein die Fantasie immer wieder anregendes Thema. Da erhält Fw. H. einen Brief in seine Privatwohnung. Unübersehbar der Absender: Ursula Haberland – damit seine Frau auch richtig neugierig wird, den Brief über Wasserdampf öffnet und liest: „Liebes Du! ... Nehmen wir doch an, es sei alles im Schwips geschehen...“ So soll Unruhe in die Bundeswehrfamilien gebracht werden, die Verteidigungsbereitschaft von hinten aufgerollt werden...

So manch einer kocht gar sein Süppchen auf den Flammen der Paranoia und haut andere dabei skrupellos in die Pfanne. Erzählt Pionier Meier: „Ich komme halb zehn aus Bad M. und sehe da so'n Ding, knusperfrisch und hübsch. Ich ziehe los mit ihr, und erst nach Mitternacht ist's geschafft. Ich zurück zur Kaserne, fast drei Stunden über'n Zappen, und das mißfällt mir. Ist doch da noch so 'ne Alte auf der Straße. Mir jetzt egal, denke ich, und pfeife hinter ihr her. Sie bleibt stehn und ich, nicht faul, zu ihr hin. Ein Wort gibt das andere. Sie ist aus irgendeinem Heim ausgebrochen. Hier draußen paßt es ihr nicht, sie will mit mir ins Bett. Und dann solle ich ihr helfen, einen Wagen zu besorgen, sie wolle in die Ostzone.

‚Was sie da wohl mit dir wollen?' frage ich.

‚Ach', sagt sie, ‚ich bin hier schon drei Tage mit Bundeswehr los. Ich weiß genug zu erzählen.'

Jetzt kombiniere ich. Sagte der Alte neulich nicht, wir sollten solche Personen melden? Laß sie draufgehn, denke ich, Hauptsache, ich komme durch die Wache. Ich überrede sie also mitzukommen. Sie ist recht seltsam vor der Wache, während ich den Posten informiere.

‚Komm einen Augenblick rein', sage ich, und als sie erst im Wachlokal ist, habe ich es geschafft. Für meinen Nachturlaub interessiert sich kein Mensch mehr. Nein, am nächsten Tag sagt der Alte noch zu mir: ‚Meier, das haste aber fein gemacht.'"

27. Februar – 3. März 1960

Die schönsten Tage dieses langen Winters: Karneval mit M. in Düsseldorf. Alles so leicht, so schwerelos.

5./6. März 1960

Trotz Bereitschaft verdufte ich ins Wochenende. K. gibt die Karte für mich ab. Was hätte mich so ein kleines krummes Ding früher aufgeregt, jetzt ändert selbst das nichts mehr an meiner Lustlosigkeit. Nur M.'s Brief richtet mich ein wenig auf.

19.–23. März 1960

Frühjahrsmanöver. Meine letzte Übung. Herrliches Wetter. Staubschluckerei und Herumgegammele. Abends in einem Wildwest-Preßluftschuppen. In einer dieser Nächte Herumgestochere nach Minen, die in den letzten Tagen des untergehenden Reiches verlegt wurden. Die Nacht ist schrecklich kalt. Am anderen Morgen, als der Panzerangriff rollt und die Grenadiere im Staub hinterherwetzen, liegen wir in der wärmenden Sonne und knabbern trockenes Brot.

31. März 1960

„Alles vorbei, Franz Josef,
Alles vorbei, Herr Strauß.
Gestern, da war'n wir Soldaten,
Heute, da geh'n wir nach Haus."*

6. April 1960

Heute vor einem Jahr war ich auf dem Weg zum Bund. Am Bahnhof in M. holte uns ein Armeelorry ab. Die ersten Rekruten lagen bereits auf der Wiese und pöbelten ihre zukünftigen Schleifer an, was diese sofort vermerkten. Am Eingang zu unserem Bau hing ein Schild: „Herzlich willkommen." Auf der Rückseite stand: „Jetzt ha'm wir euch."

Am nächsten Morgen holten sie uns zum ersten Appell, wir noch in Zivil.

„Morgen Soldaten."

Eine Sekunde Stille. Dann, noch durcheinander: „Morgen, Herr Hauptmann."

Der Herr Hauptmann legte los: „Folgende Strafen sind zu vergeben..."

Einige unter uns grinsten. „Reißen Sie Ihre Gesichtsmuskeln zusammen", brüllte der Hauptmann, „sonst zerfetze ich Sie in der Luft."

Nach dieser Ouvertüre wurden wir auch äußerlich zum neuen Menschen gemacht: wir erhielten ungefähr hundert Einzelteile, mit denen wir uns für den Rest des Tages beschäftigten. Mittags gab es Suppe, Kotelett und Pudding; da sahen wir schon wie Soldaten aus...

Und jetzt, ein Jahr später, sitze ich im Zug nach München, vor mir das Studium.

9. April 1960

Die Suche nach einer Bude erscheint aussichtslos. Wo immer ich auftauche: „Nein, schon vergeben." Wenn ich mich auf eine Zeitungsanzeige hin in Bewegung setze, kann ich gewiß sein, am Ziel schon zehn oder zwanzig Studenten anzutreffen.

18. April 1960

Über Ostern war ich mit M. im Elsaß. Doch ich will und kann darüber nicht schreiben.

---

* Franz Josef Strauß war 1960 Bundesverteidigungsminister.

Allzuviel gab ich damals nicht von meinen Gefühlen preis – nicht einmal auf Papier, das ich nur für mich beschrieb. Und doch waren diese Gefühle da, zerwühlten und zerrissen mich, und das umso mehr, je weniger ich sie zu zeigen wagte. Ich habe die Briefe herausgesucht, die mir M. damals schrieb, und bin froh, daß ich sie nicht vernichtet habe, wie ich fast all das zu vernichten suchte, womit ich nicht zurechtkam. Wie gefangen ich doch war in meinen Ängsten und in meiner Hilflosigkeit; unvorbereitet auf das, was mich erwartete. Ich trug Abziehbilder einer Liebe im Kopf, die nicht möglich war – und war zugleich voller Angst vor dem Möglichen. So löste sich mein Selbstbild in jenen Ostertagen in Verzweiflung auf. Versager. Ich floh. Was M. schrieb, nahm ich nicht zur Kenntnis: daß ihre Liebe zu mir davon unberührt sei. Ich war besessen von dem Wahn, MANN zu sein. So stolperte ich in meine eigene Falle. Hektik und Panik rüttelten an meinem Panzer. In M.'s Brief ein Satz, den ich damals sicher überlesen habe: „Du hast doch soviel Zeit, ein Mann zu sein..." Und auch: „...entsprach doch alles mehr oder weniger meinem Wunsch." Offen für ihre Wünsche war ich gewiß nicht – wie ein Besessener war ich hinter meinem eigenen Ziel her, mochte ich damit auch – sicher nicht gewollt – verhindern, was ich zu erreichen meinte. Da war kein Platz für M.: ihre immer wieder aufsteigende Trauer über ihren früh verstorbenen Mann, die Angst vor einer ungewollten Schwangerschaft, ihr Zurückweichen vor meiner Zwanghaftigkeit. Nichts davon drang an mein Ohr. Ich war grenzenlos allein. „Ja, wir hätten miteinander reden sollen, warum waren wir nur so gehemmt...", schrieb sie mir. Selbst wenn wir miteinander geredet hätten – den Panzer in mir hätte das damals auch nicht durchbrochen. So viele Jahre hatte mich dieser Panzer geschützt, und jetzt zeigte er sich in seiner januskköpfigen Gestalt: er drohte mich zu zerstören.

An mich war damals nicht heranzukommen, das sollte noch Jahre dauern – und auch heute noch ist es für andere sicher oft nicht leicht mit mir. Ich war gelähmt wie fast alle in diesem Land. Die innere Erstarrung, die notwendig gewesen war, um den deutschen Kommißstiefel über Europa hinwegtrampeln und Auschwitz Wirklichkeit werden zu lassen, lebte in uns auch über den Tag hinaus fort, da jenes Entsetzen zu Ende gegangen war – selbst in denen, die sich empörten statt zu schweigen oder sich ihrer Verbrechen gar am Stammtisch zu rühmen.

Vor einiger Zeit hat mir M. geschrieben, das erste Lebenszeichen nach fast einem Vierteljahrhundert. Wie anders doch ihre Erinnerungen: leichter, zufriedener. Sie erinnert sich gern. In mir krampft es sich beim Gedanken an jene Zeit noch heute zusammen. Vielleicht hat der Wahn, wie ein Panzer durchs Leben fahren zu müssen, mir selbst mehr als anderen zugesetzt? Wie schwach doch der ist, der meint, immer stark sein zu müssen.

Ein Satz aus M.'s Briefen, den ich damals sicher beiseite schob wie so viele, hat sich nun in mir festgesetzt: „Gerade das Glücklichsein bedeutet so viel... Meist ist es jedoch so, daß wir uns selbst belügen und irgendetwas tun, um unser Inneres zu unterdrücken, die Unruhe nicht mehr zu empfinden, ja, wir versuchen, das alles

6. deutsches amateur-
jazz-festival düsseldorf '60
6
auswahlkonzert bayern
jazz

irgendwie in einem verrückten Rausch abzutöten, aber wenn man dann aufwacht, ist alles umso schlimmer.“

30. April 1960

Ich habe auf Umwegen bei einer älteren Dame in Nymphenburg ein Zimmer gefunden: mit einem prunkvollen Barocksessel, einem gewichtigen Rokokospiegel und einer neogotischen Kommode. Ich werde es hier schon aushalten, wenn mich die Verzweiflung nicht wieder überfällt.

2. Mai 1960

Semesterbeginn. Alles rennt hinter irgendwelchen Papieren und Stempeln her und findet nichts, und niemand weiß Bescheid. Am Samstag steht eine Aufnahmeprüfung an. Die haben Nerven in diesem Mottenpuff! Ich möchte raus, irgendwo arbeiten, wo der Wein wächst und es warm ist. Das hier ist doch nicht das Leben. Dennoch bleibe ich. Wahrscheinlich nur, weil's mein Vater so will und ich nicht den Mut habe, alles hinzuwerfen. Ich wüßte aber auch nicht so recht, was dann tun.

8. Mai 1960

Die erste Studienwoche liegt hinter mir. So viel l'art pour l'art, die einem eingetrichtert wird. Am Ende ist man selbst ein Stück verstaubter Syntax. Nie werde ich die erste Vorlesung vergessen: ein düsterer, modriger Raum, halb gefüllt mit dahindämmernden Studenten, an der Stirnseite der über seine eigenen Belanglosigkeiten gähnende Professor, dennoch unendlich eitel. Draußen die Frühlingssonne, eine einzige Aufforderung zu tun, was glücklich macht.

18. Mai 1960

Gaudi im Deutschen Museum: William S. Schlamm, der ewige Nazi, und Erich Kuby steigen in den Ring. Das Haus ist ausverkauft. Hier wird etwas geboten: Weckerrasseln, Trillerpfeifen, Sprechchöre. Die Massen auf den Stühlen. Als Kuby sagt: „Die Existenz zweier deutscher Staaten ist eine Tatsache“, brüllt das Haus – sei's zustimmend, sei's empört. Und als er dann hinzufügt: „Die Oder-Neiße-Grenze ist, ob wir's wollen oder nicht, ebenfalls eine Grenze“, tritt ein Jüngling aus den hinteren Reihen hervor, geht den Gang hinunter und schleudert faule Eier gegen Kuby. Der Saal wird zum Hexenkessel. Erst Stunden sind vergangen, seit die Ost-West-Gipfelkonferenz in Paris scheiterte, bevor sie überhaupt begann. Viele im Saal haben Angst vor einem neuen Krieg: „Kriegshetzer Schlamm.“ Kuby sagt: „Es sieht düster aus bei uns“ und wischt sich die faulen Eier aus dem Gesicht.

20.–23. Mai 1960

Bei Regen sitzen wir den ganzen Samstag in M.'s Zimmer. Es erscheint alles so verfahren. Schließlich ein Nachtspaziergang in tiefer Verzweiflung.

8.–13. Juni 1960

Nachts liege ich zwischen Betonklötzen am Strand von Rimini, ein Schmarotzer, mit Jürgen, dem Medizinstudenten, und Reinhard, dem Pfadfinder, im Hunger verbunden. Tagsüber bringen uns manchmal Uschi, die mit dem französischen Gesicht, und Rosemarie, die Bundeswehrsekretärin, ihr Hotelessen mit. Nachts sind sie mit wechselnden Italienern unterwegs – der übliche Zeitvertreib der riesigen germanischen Kolonie am adriatischen Strand.

26. Juni 1960

Heute werde ich 21. Volljährig. Ich verstecke mich vor Glückwünschen.

28. Juli 1960

Ich arbeite in einer Bruch- und Abbruchfirma, die während der Ferien eine Schule halb einreißen und wieder aufbauen soll. Ich genieße den geregelten 10-Stunden-Tag, eine Flasche Bier schon am Morgen und die Möglichkeit, die in der Bundeswehr erworbenen Kenntnisse, mich vor der Arbeit zu drücken, für 2,47 DM pro Stunde schöpferisch anwenden zu können. Etwas Positives muß das Jahr beim Bund doch gehabt haben! Meine Lieblingsschlupfwinkel sind unten im Keller, eine Alternative zur Maloche in Staub und Dreck und – zum Studium.

12.–15. September 1960

Ich liege mit M. in der Spätsommersonne am Strand von Les Stes. Maries de la Mer. Um uns die angeschwemmten Bäume, weiß und blattlos und von der Sonne ausgedörrt; und wer mit ihnen sprechen will, der spricht mit ihnen wie mit verzauberten Tieren. Manche unter ihnen gleichen garstigen Ungeheuern mit eklig-drohenden Fingern; andere sind sanft und ruhig in ihren Formen. Dieser hier erinnert an ein schlafendes Kamel, und der dort ist ein riesiger Walfisch; der eine ruht selbstzufrieden in seiner Klobigkeit, der andere kämpft – in der Bewegung erstarrt – einen endlosen Kampf. Wir liegen inmitten dieses Zaubergartens, ärgern uns verspielt und lachen, wenn uns das gelingt.

Abends trinken wir Pastis in einer der wenigen noch offenen Bars. Einmal werden wir zu Schnecken eingeladen, ansonsten gehen wir angesichts der Preise auf Schonkost: Baguette und Milch und Camembert.

In der letzten Nacht tobt ein Sturm über der Camargue. Wir wandern stundenlang zwischen Meer und Sumpf dahin. Wenn der Wind einmal nachläßt, kommen die Moskitos, die Nimmersatten.

17. September 1960

M. fährt mit dem Nachtzug von Avignon nach Hause. Sie muß wieder arbeiten; ich als Student habe Zeit, viel Zeit, werde weiter fahren. Es gießt in Strömen. Ich bin gereizt, lege mich mit einer Frau in einem Laden an, die mir saure Milch verkauft hat. Das Wasser steht uns buchstäblich bis zum Halse – unser Dach über dem Kopf auf der Insel inmitten der Rhône versinkt wieder einmal in den Fluten. Sobald der Regen etwas weniger stark fällt, versuchen wir, ein wenig von Avignon zu sehen. Schließlich flüchten wir ins Kino: „Les Jeux de l'Amour." Irgendwann stellen wir noch fest, daß wir uns, da wir uns trotz allem nicht hassen, gern haben müssen. Dann der Abschied. So versunken bin ich in meine Trauer, daß ich beim Verlassen des Bahnsteigs zwei schwarze Soldaten, die mit Stahlhelm und Uzi dort rumstehen, fast umrenne.

Am nächsten Tag schreibe ich: „Für mich beginnt die Fahrt jetzt erst richtig. Ich bin zwar ein wenig traurig, aber wie üblich geht das Leben auch dieses Mal weiter." Ich las das voller Empörung, wollte es heimlich verschwinden lassen und habe es jetzt doch nicht gestrichen. In der Erinnerung suche ich nach einer Erklärung, die mich etwas beruhigen kann. Da war sicher auch viel Erleichterung in mir, wieder allein zu sein; ich hatte es ja nicht geschafft, meinen Traum zu leben. Im Gegenteil. Je länger wir unterwegs waren, desto auswegloser waren wir ineinander verstrickt, desto stärker wurde mein Drang auszubrechen und mich allein auf den Weg zu machen. Eine andere Lösung sah ich damals nicht. Ich wollte mich nicht fest binden, fühlte mich zu jung dafür und hatte Angst, in Strukturen zurückzukehren, die ich mit dem Auszug aus dem Elternhaus gerade verlassen hatte. Daß ich das so schnoddrig zu Papier brachte? Vielleicht um mich zu schützen. Alles andere hätte mir Angst gemacht. Härte, Unnahbarkeit und Gleichgültigkeit – darin verbarg sich die Kraft, mit der ich mich schützte, die mich aber auch immer zu zerstören drohte. Damals war ich dabei, die äußeren Mauern, die mich so viele Jahre eingeengt hatten, zu durchstoßen; die inneren aber noch längst nicht.

26.–29. September 1960

Vor dem Frühstück falle ich über die Ameisen her. Stundenlang bin ich in jener Baracke am Strand nicht weit von Marinha Grande damit beschäftigt, mich und meine Sachen von diesem Gewimmel zu befreien. Gegen Mittag habe ich es geschafft. An der Straße lerne ich einen Jüngling kennen, der mich in sein Haus in der Nähe Lissabons einlädt. Eine beeindruckende Teddy-Boy-Imitation mit Lederjacke, einem Berufsboxerkörper, dem Verstand eines Kindes und einer auch in der Dunkelheit getragenen Sonnenbrille. Da er ebenfalls auf dem Daumen unterwegs ist, tun wir uns doppelt schwer. So ist es schon Nacht, als wir endlich einen Wagen haben – ein uraltes Vehikel, dessen Räder blockieren, wenn man sich falsch setzt. Unterwegs geht der Sprit aus, und wir sind stundenlang zu Fuß zur nächsten Tankstelle unterwegs. Später verenden die Scheinwerfer. Stattdessen heult jetzt der Motor wie der eines Rennwagens auf. Eine erregende Blindfahrt durch die Nacht. Die Türen sind mit Bindfäden befestigt, die Scheiben rausgebrochen, und gebremst wird mit der Handbremse. Dennoch erreichen wir unser Ziel noch vor Morgengrauen: Amadora, einen kleinen Ort irgendwo in der Nähe der Hauptstadt, wo wir bei Ruís Mutter unterkriechen.

Ruí, das Riesenbaby, kaum ausgeschlafen, schon wieder unterwegs. Wie besessen ist er hinter Frauen her und findet doch nicht, was er sucht, treibt Kraftsport, um sich aufzupäppeln, und hat doch nichts in den Muskeln, geschweige denn im Hirn. Er verspricht mir einen Leckerbissen nach dem anderen, doch wo immer wir auftauchen, blitzt er ab. Am Abend ziehen wir schließlich allein durch Amadora.

Am nächsten Tag leiht sich Ruí meinen Pullover und meinen Mantel, um in San Pedro eine Frau zu beglücken, während seine Mutter, um ihn zitternd, zu Hause sitzt. Früher, da sei so etwas in Portugal nicht möglich gewesen, vertraut sie mir an. Wie Schallplatten die Alten – überall.

29. September 1960

Elvas – eine von gewaltigen Ringmauern umgebene Stadt in der Nähe der spanischen Grenze. Ich finde einen Schlafplatz in einem Altersheim. Ich bewundere die Klarheit und Eindeutigkeit der Formen, in denen die Stadt erbaut ist. Nichts Überflüssiges. Was Le Corbusier in Ronchamp in Beton gelungen ist: die Schönheit der Form ohne jedes schmückende Ornament, ist hier in Lehm und weißem Kalk seit Jahrhunderten Wirklichkeit. Selbst die Schatten der Straßenlaternen strahlen diese Ruhe aus. Vor einer kaum erleuchteten Schenke wartet geduldig ein Esel auf seinen Besitzer. In manchen Fenstern liegen Frauen und bieten sich den Männern an.

30. September 1960

Sevilla – ich beginne zu begreifen, warum diese Stadt Hintergrund so mancher Musik von Mozart, Rossini, Bizet oder anderer ist. Wie mich diese Stadt begeistert! Seit Elvas bin ich drauf und dran, meinen Kopf in der Schönheit des Landes zu verlieren.

1. Oktober 1960

Auf den Traum folgt die Ernüchterung. Es regnet in Sevilla, daß es zum Heulen ist. Ich weiß nicht mehr wohin vor diesem ewigen Regen. Jetzt gießt es auch hier – wenige Kilometer vor Afrika.

6. Oktober 1960

Heimreise, bereits wieder in Frankreich. Von Orange durch das enge Tal der Aygue hinauf nach Gap. Wild und gelb strudeln die Flüsse der Rhône entgegen. Über die Felsen stürzen kleine und größere Wasserfälle. Berghänge rutschen in die Tiefe, verschütten die Straße. Schwer hängen die Regenwolken in der Schlucht. In einem kleinen Dorf flüchte ich mich in eine Bar. Die Besitzerin hat Mitleid mit mir, dem Durchnäßten, dem Abgebrannten, gibt mir zu essen und ein Bett für die Nacht.

1.–4. Dezember 1960

Ich besuche M. Das alte Lied, nur noch verzweifelter. Es bleibt nichts, als mich lächerlich zu finden, mich zu verachten. Wir sind gescheitert.

> Man kann nichts dafür.
> Man kann machen, was man will.
> Man bleibt, was man ist.
> Man kann sich winden, wie man will.
> Im Grunde ändert sich nichts.
> Nichts zu machen.
>
> Samuel Beckett

12. Dezember 1960

An freien Abenden hänge ich jetzt häufiger in Schwabinger Bars herum. Laster und Verkommenheit zur Augenweide an die Wände gemalt. Da, wo Verkommenheit wirklich zu finden ist, denkt niemand daran, sie an die Wände zu malen. Hier bekommt der Snob – geborgen unter seinesgleichen – den Hauch eines Lebens an die Wände gepinselt, vor dem er sich in Wirklichkeit fürchtet. Allmählich beginne ich mich an dieses Milieu zu gewöhnen, fühle mich aber schlaff und träge dabei. Hin und wieder träume ich von anderen Tagen.

17. Dezember 1960

Ein US-Flugzeug prallt im Dezemberdunst gegen den Turm der Paulskirche und dann in der Bayerstraße in eine mit Weihnachtseinkäufern besetzte Tram. Ein Wagen brennt aus, mehr als 50 Tote werden schließlich gezählt. Bis in die Nacht steht ein Flügel der abgestürzten Maschine wie ein bizarres Monument im Scheinwerferlicht. Noch immer bergen sie verkohlte Leichen. Nur ein Zufall, daß die, die da zusehen, nicht etwas früher hier waren, als der metallene Vogel vom Himmel fiel. Nur ein Zufall das Weiterleben.

30. Dezember 1960

M. lädt mich, als ich schon zum weihnachtlichen Pflichtbesuch bei meinen Eltern bin, zu Sylvester nach Düsseldorf ein. Mein alter Herr befiehlt: „Nein!" – Ich: „Warum denn nicht?" – „WEIL ICH ES NICHT WILL!" – Ich unterwerfe mich und begreife nicht warum. Und dann sitze ich da, selbsterniedrigt, voller Haß, und lerne: Das war das letzte Mal. Ich werde dir das nicht vergessen. Beim nächsten Mal werde ich auf und davon sein.

Ich denke darüber nach, was aus diesem Vorsatz geworden ist. Vielleicht hat mein Vater damals gespürt, daß er den Bogen überspannt hatte. Er hat jedenfalls nie wieder versucht, seinen Willen so durchzusetzen. So kam's auch nicht zur Nagelprobe. Auf subtilere Weise aber ist er manchmal doch noch erfolgreich gewesen. Immerhin finanzierte er damals zum großen Teil mein Studium, und das schuf Abhängigkeiten – nicht nur finanzieller Art.

26.–29. Januar 1961

Wieder zu Besuch bei M. Ich weiß nicht, ob ich sie liebe. Zuviel scheint zwischen uns zu stehen. Liebe kann nur da stark sein, wo sie erwidert wird. M. aber lebt mit der Erinnerung an ihren so früh verstorbenen Mann. Und hat jetzt einen verheirateten Mann mit drei Kindern kennengelernt. Bei ihm verspüre sie, was sie bei mir nicht mehr fühle. Weshalb noch auf sie warten?

Wir sind so weit gegangen, wie es uns möglich war. Nur eines begreife ich nicht: daß sie mich immer wieder zu sich einlädt und es dann doch nichts wird.

Ich finde mich heuchlerisch. Ich weiche M. aus, ihren Aufforderungen, mich zu entscheiden, mich auf sie einzulassen, und wenn ich's dann oft genug fertiggebracht habe, sie zurückzustoßen, und sie sich schließlich von mir abwendet, mache ich sie auch noch dafür verantwortlich. Am liebsten möchte ich all das rauslassen und weiß doch, daß es unmöglich ist.

12. Februar 1961

Vor einem Jahr war ich bei M. in Düsseldorf auf dem Karneval. Jetzt hänge ich hier in München herum. Ich könnte heulen und bin doch albern, unterhalte stumpfsinnige Säufer über abgestandenen Bierkrügen. Niemand scheint sich hier zu freuen. Nichts als stiere Blicke. Wie ich suche. Diese Nacht ist zum Verrücktwerden. Ich ziehe mit meinen Münchener Freunden ins Orlando, trinke viel, mir wird schwindlig, ich drehe durch, drehe mich im Walzertakt in den Rosenmontag hinein. Vergessen. Wirst du dich noch für dein Geburtstagsgeschenk bedanken? Irgendwann stehen die Stühle auf den Tischen, das Licht geht aus, die Letzten werden hinausgefegt. Anderswo geht der Tanz weiter, und am Ende landen wir im Donisl. Wie gut, daß in München niemand lacht. Da falle ich nicht auf. Erst als der Tag beginnt, finde ich nach Hause. Um mich herum ungenießbare Frühaufsteher auf dem Weg zur Arbeit.

26. Februar 1961

Erinnerungen – unerwartet und wild. Ich bin unterwegs, lasse mich in die Stadt treiben, in der sie lebt. Die Türklingel. Eine fremde Stimme: „Leider wohnt Frau ... nicht mehr hier." Müde gehe ich die Stufen hinab, lasse mich von der Nacht davontreiben.

An dieser Stelle fehlen im Tagebuch einige Seiten. Was da stand, fand ich noch unerträglicher als so vieles andere. Irgendwann – schon vor Jahren – hab' ich's rausgerissen. Soviel Verwirrung, soviel Ahnungslosigkeit, soviel Dummheit, Resultat der Käfighaltung, die wir über uns hatten ergehen lassen müssen. Wenn ich nur an die äußeren Bedingungen denke: bei meinem ersten Besuch mußte M. mich in Düsseldorf in einem „Wohnheim für junge Männer" unterbringen, bei meinem zweiten mußte sie mir, nunmehr in den Südwesten der Republik umgezogen, wiederum mitteilen, „daß bei mir Herrenbesuch nicht gestattet ist" und sie mir eine Pension suche. Das war alltäglich, nicht die Ausnahme.

3. März 1961

Les Baux. Ich bin auf der Flucht ins Vergessen und suche doch die Stätten der Erinnerung. Du bist hier so nahe, und wenn man zugreift, so unendlich fern. Kalt treibt der Wind durch die Ruinen und bläst Sand und Staub in die entzündeten Augen. Rot glüht ein dicker Holzscheit im Kamin. Sieh, da die herumschnurrenden Katzen. Und dort die große Hoffnung der Malerei aus Paris, die gerade zum Sturm auf das Publikum ansetzt. Rot der Wein im Glas, und langsam schluckt die Dunkelheit den Tag. Große Hoffnung, so schnell zerbrochen. Endloses Spiel mit der Flucht und dem Blick zurück.

12. März 1961

Gibraltar, der Affenfelsen. Djebl el Tarek. Europas Ende. Ich versuche, die Erinnerungen abzuschütteln. Morgen Mittag fährt das Schiff nach Ceuta. Dort beginnt Afrika, der Kindheitstraum.

13. März 1961

Raus aus meinem nach Mottenkugeln duftenden Bett, an der Wand die Opfer der Nacht: Nichts als Blut – *mein* Blut – ist von ihnen geblieben. Plattgequetscht. Ich kratze mich am ganzen Körper, Wanzenstraßen ziehen über meinen Bauch. Raus aus der Absteige, rüber nach Afrika.

Das schmutzige Boot gleitet aus dem Hafen. Zurück bleibt der Felsen des Tarek. Stinkende Ochsen im Laderaum, stinkend vor Angst, große Ochsenreise in einem stinkenden Loch, darüber der blaue Himmel, zu einem Rechteck gepreßt. Manchmal am Rand der Kopf eines Menschen, der neugierig in die Tiefe blickt.

Und dann Afrika. Alles ist so neu. Ich muß mir eine andere Sprache suchen. Das erste Mal in meinem Leben: Afrika.

Tetuan. Durch die Dunkelheit kriechen die Träume aus Tausendundeiner Nacht. Ich koste nie Gekostetes, kann mich nicht satt sehen, hören und fühlen in diesem Irrgarten des Soukhs. Auf dem Tee, dem schmeichelnd-süßen, schwimmen weiße Orangenblüten. Zuckertriefender Kuchen bräunt im heißen Öl. Nächte des Rhamadan, wenn das Leben nach Sonnenuntergang aufflammt bis zum ersten Sonnenstrahl des neuen Tages. In mir die Bilder des ersten afrikanischen Abends: ich sitze da auf einer Anhöhe über der Stadt, unter mir die im Abendwind schwingenden Palmen, die zahllosen weißen Häuser, das Gewimmel der engen Gassen, in denen die ersten Petroleumlampen angezündet werden.

15. März 1961

Welche Gegensätze Casablanca doch zerreißen. Da ist das Elend derer, die dich mit leeren, toten Augen anstarren oder sich auf dich stürzen und deine Schuhe küssen und Allah anflehen, er möge dir ein wenig Geld aus der Tasche locken. Und dann das andere Casablanca. Casablanca, die Weiße: vornehm wie kaum eine europäische Stadt. Der Kolonialismus hat seine Spuren hinterlassen. Das – und nur das – sei die Zukunft des Landes, flüstern mir einige Marokkaner zu, die wie Maden im Speck leben. In wenigen Jahren werde es hier wie in Europa sein. Doch wenn man sich umsieht, kommen die Zweifel. Wird Europa wirklich mehr als Chrom- und Neonglanz über einigen Vierteln sein, Fremdkörper in der Welt des Orients? Ist Europa tatsächlich die Zukunft dieses Landes? Wenn man mit den Menschen ins Gespräch kommt, erzählen sie von seltsamen Dingen: von Marabouts, die Schlangen und Skorpione essen und unfruchtbare Frauen wieder fruchtbar machen; von Schlangenbeschwörern und Derwischen und ... Wie weit Europa doch scheint, jenes Europa, das zugleich so unübersehbar ist in all der Fremdartigkeit.

17. März 1961

Auf jenen kahlen, ausgetrockneten Felsen lag die Kasbah von Agadir – 4000 Tote sind unter den Steinen begraben. Wenige Sekunden nur bebte die Erde, und doch fiel in sich zusammen, was Menschen über viele Jahre erbaut hatten. Später kamen die großen Raupen, planierten ein, was noch aus dem Boden ragte, fraßen sich gierig den Berg hinauf und wieder herab. Die Männer auf den Raupen hatten weiße Tücher vor den Mund gebunden, so unerträglich war der Geruch des Todes. Sie warfen Kalk über die Trümmer, scharfen, brennenden Kalk, und ebneten ein. Danach war es ein Felsen wie so viele hier. Nur wenn der Wind vom Land her weht, trägt er noch heute den Geruch des Todes bis ans Meer, dort, wo die wenigen leben, die geblieben sind. Grauenhaft die Geschichten, die sie erzählen: von Überlebenden, die die Raupen einplanierten; von Soldaten, die den Toten die Finger abschnitten, um sich der Ringe zu bemächtigen; von der Auslandshilfe, die, statt an die Betroffenen zu gehen, von den Herren in den Ministerien in die eigene Tasche gesteckt wurde; von verschwundenen Hilfsgeldern und Medikamenten, die nie dort ankamen, wohin sie bestimmt waren. Drei Wochen war die Stadt von der Armee abgeriegelt. Als die Überlebenden zurückkehren durften, wußten sie, wozu die Armee gut gewesen war – sie hatte gründlich auf- und in die eigene Tasche geräumt.

19. März 1961

Trommler, Schlangenbeschwörer, Bettler, Märchenerzähler, Schuhputzer und Taxifahrer: Tausendundeine Nacht auf dem Platz Djemaa-el-Fnâ in Marrakesch. Gruppen von Männern sitzen, laut aufeinander einredend, auf dem Boden im Kreis zusammen. Andere tanzen oder beten. Hier wird Tee angeboten, da um ein Kamel oder eine Ziege gefeilscht. Frauen huschen tiefverschleiert vorüber.

Und dann der Schritt vom großen sonnenüberströmten Platz durch das Tor in der Mauer in das halbdunkle Labyrinth des Soukhs. Die Sinne versuchen einzusaugen, was über den Eintretenden hinwegflutet, sich darin aufzulösen. Entrez, monsieur! Nix teuer! Die Trommeln der Nacht beginnen dem Labyrinth ihren Rhythmus aufzuzwingen. Nix teuer, Mister! Ich stille meinen Hunger an süßen Datteln und probiere Kamelmilch.

27. März 1961

Morgen werde ich Afrika verlassen. Ich habe ein wenig davon gekostet, und mein Hunger ist ungestillt. Ich trinke Chorba aus einer schmierigen Schale im Soukh von Ceuta. Zehn Francs. Billig. Billig. Nix teuer! Kif aus einer uralten Pfeife. Billig, billig! Die Frauen tragen auch hier noch den Schleier, doch eher als Reizwäsche denn als Abschirmung vor der Welt der Männer wie in so vielen Teilen des Orients. Allüberall dieses Versprechen unendlicher Befriedigung, das doch nicht eingelöst wird: hinter dem Versprechen die starren Regeln, die alles unter Kontrolle halten – vor allem den Fremden, der da hindurchgeht, ohne je dazuzugehören.

Drüben sehe ich Gibraltar – blasser Felsen über dem Blau des Meeres. In meinem Rücken die Berge Afrikas, die Nasen in den Wolken. Wie neugierig ich bei meiner Ankunft war zu erfahren, was sich hinter jenen Bergen verbirgt. Und jetzt ein wenig davon gesehen zu haben – gerade genug, um mich danach zu sehnen wiederzukommen.

Gestern nahmen mich einige Saharadurchquerer in ihrem verstaubten Landrover nach Tanger mit. Sie waren in Ghana aufgebrochen, über Timbuktu in die große Wüste gefahren, hatten irgendwo festgesessen, weil die Franzosen ihnen kein Visum für den Teil Afrikas hatten geben wollen, den sie zum Teil des Mutterlandes erklärt haben: *Algérie Française,* – und hatten es schließlich doch noch geschafft. Wer weiß, was ich getan hätte, wenn sie in der Gegenrichtung unterwegs gewesen wären? Warum nicht nach der Rückkehr in den Norden ein Zeitungsinserat aufgeben: „Mitfahrgelegenheit durch die Sahara gesucht." Ja, warum eigentlich nicht?

28. März 1961

Delphine tanzen vor dem Bug des Schiffes. Näher rückt der Felsen des Tarek. Wir legen im Hafen von Algeciras an, strömen von Bord. Ich suche mir meinen Weg zum Affenfelsen. Gibraltar. Was für ein bizarrer Wechsel von Francos Spanien in ein Stück Empire: plötzlich bezahlt man mit Pennies, kontrollieren einen Bobbies – Spanier von Geburt zwar, doch stolz, Untertanen Ihrer Majestät zu sein, wenn auch mit schlechtem Englisch. Heißer, steiler Weg den Felsen hinauf. Unter mir das blaue Meer, gegenüber die Berge des Rif, in den Felsen die Affen. Abschied von Afrika.

28./29. März 1961

Menschliche Tausendfüßler schleppen riesige strahlende Götzen durch Jerez de la Frontera. Heilige Maria, wie die darunter schwitzen! Militärkapellen geben den Rhythmus an. Semana Santa. Zackig, eckig, kantig wird zu Ehren des Gekreuzigten aufgespielt. Vor den Götzen marschiert ein Franco-General im Pfauenschritt, hinter ihm ein Haufen Holzköpfe von der Guardia Civil (die nur Stroh fressen, wie die Katalanen behaupten, und immer nach Kuhstall riechen), dann ein Kirchenboss. Alles schwankt mal rechts, mal links, immer im gleichen Takt, wie besoffen. Wenn der Götze kommt, erheben sich die Menschen, murmeln Unverständliches. Ein Hund verirrt sich zwischen den Elitetruppen, rennt verloren im Stechschritt umher. Braune Uniformen, Sturmriemen am Kinn, spiegelblanke Helme, die Arme zum faschistischen Gruß hochgerissen – Spaniens SA marschiert. Dann die Frömmler unter den hohen Kapuzen, das Gesicht verhüllt, barfuß, feierlichen Schrittes. Mein Käsebrot ist trocken, ich würde gern eine Limo trinken. Ein Fanfarenzug quält das Ohr, Blech fürs Volk. Alte Frauen drehen Rosenkränze, Priester wedeln Weihrauch durch die Nacht, noch immer kriecht der tausendfüßige Götzenwurm vor sich hin. Meine Füße sind müde. Durch den Weihrauch steigt der Duft der Orangenblüten aus den Gärten der Stadt. Ich denke zurück an den Affenfelsen, das Blau des Mittags.

6. April 1961

Auf einem Laster rolle ich durch die dunkle Nacht. Ich liebe die Nächte auf den Straßen. Der Himmel in der Ferne beginnt zu leuchten: Madrid. Scheinwerfer tasten sich vorwärts, der Motor dröhnt. Wir aßen Bocadillos in einer Fernfahrerkneipe in Aranjuez. Ich trank nur wenig dazu, zog eine Banane als Verdauungsbremse vor – marokkanisches Souvenir, jener ungehinderte Durchmarsch.

Spaniens schönste Bauwerke stammen von den Mauren. Am Morgen noch war ich in der großen Moschee von Cordoba. Wie häßlich – und bedrohlich zugleich – die Kathedralen des Katholizismus dagegen, steingewordene Symbole der Prunksucht, Gier und Ausplünderung des eigenen Landes wie fremder Kontinente. Das hungernde Volk aber zieht in endlosen Prozessionen an die Stätten seiner Ausplünderung und betet die Symbole seiner Niederlage gar noch an. Doch Reiche kommen, Reiche vergehen. Nichts ist von Spaniens alter Größe geblieben. Die Herren in Washington geben jetzt den Ton an und Francos Spanien ein paar Brosamen, damit der Vasall nicht völlig vor die Hunde geht. Viva Franco, Arriba España! dröhnt's aus dem Radio. Durch Wiederholung wird auch die Lüge nicht wahr.

10. April 1961

Ich verdinge mich als Komparse in einem historischen Film mit Jean-Louis Barrault und Jean Marais hinter den Stadtmauern von Carcassonne. 15 NF gibt's dafür pro Tag und so viel Barrault zu sehen, wie man will. Am Abend sitze ich mit Catharine, Begegnung eines Tages, in einem Café unterhalb der großen Mauern der Stadt. Wir reden über den *moment parfait*, den Augenblick des umfassenden Glücks, dem Vergessen der Zeit und dem Einssein mit dem Leben. Absolute Existenz, ohne Zukunft oder Vergangenheit. *Moment absolu.* Wer auf der Suche ist, muß an seine Grenzen gehen, sich hingeben, schrankenlos und glücklich. Wie selten man doch Menschen trifft, mit denen das möglich ist.

Ich erinnere mich der Nächte in den Ruinen von Les Baux. Nur wenige Monate liegt das zurück: der Mondaufgang über den zerklüfteten Felsen, der leise Wind über dem kalkgrauen Plateau, die beruhigende Stille der Ruine im Rücken und vor uns der aufsteigende Mond. Oder die Nacht damals in Avignon, draußen am Fluß. Das Einssein mit dir, dein Körper so nahe, deine Träume in mir, meine in dir. *Moment absolu, comme tu es rare!* Und doch muß man versuchen, für ihn bereit zu sein. *A la recherche du moment parfait* – Ziel des Lebens in einer zerstörerischen Welt.

Was für einen Ästhetizismus wir doch mit uns herumschleppten. Alles wurde von uns überhöht. Perfektion um jeden Preis. Insofern waren wir Abziehbilder jener Normen, die wir so verachteten. Was am Ende unseres Weges stand, ja stehen mußte, wissen wir: das Scheitern an den eigenen Ansprüchen. Doch Widerstand regt sich in mir gegen jenen Gedanken, kaum daß ich ihn gedacht habe. Haben wir nicht auch einiges in Bewegung gesetzt? Wir waren unterwegs, um daheim nicht unterzugehen. Vor langen Bindungen scheuten wir zurück – nichts als Fesseln sahen wir darin. Und an eine Zukunft der Menschheit glaubten wir – hinter uns Auschwitz und Hiroshima und in uns die Angst vor dem atomaren Ende – ebenfalls nicht. Lag er da nicht nahe, der Glaube an den moment parfait, *die Suche nach dem Glück hier und heute? War er nicht ein Schritt in unserem Kampf um Selbstbefreiung?*

Das mit dem Marxismus und den Hoffnungen auf eine lebenswerte Zukunft – das kam ja erst später.

13. April 1961

Les Baux. Zuviel der Erinnerungen. Die Aphrodite in Stein steht noch immer hinter dem grünen Bretterzaun. Fontvieille, Café du Moulin – dort saßen wir im letzten Sommer, an einem Tag so schön wie der heutige. Montmajour am Mittag. Ich liege auf einer Wiese am Fuße der Abtei, lese Sartres „L'Age de Raison". Gestern abend sprach Lucien Clergue in Arles über amerikanische Fotografie. Grüne Sonnenbrille. Schien nicht allzuviel von dem zu verstehen, worüber er sprach; der plötzliche Ruhm überfordert ihn. Flieder blühte im Park der Herberge von Nîmes. Als ich das letzte Mal da war, waren die Feigen reif, süß und klebrig. Und jetzt dieser Fliederduft. Heißer Tee in der Bambusküche. Milch und Zucker im schwarzen Sud. In Marokko schwimmen darauf noch Orangeblüten.

14. April 1961

Heimfahrt auf der Rhônestraße. Regen. Wir ziehen verstümmelte Menschen aus Autos, sammeln abgerissene Körperteile ein, spüren Angst und Trauer und Hilflosigkeit in uns würgen. Je näher wir dem kommen, das uns als Heimat im Griff hat, desto katastrophischer die Bilder.

Danach habe ich monatelang – bis in den August hinein – nichts mehr geschrieben. Einige dürre Daten in meinem Notizkalender, das ist alles. In diesem Sommer heiratet M. Ich bin ruhelos unterwegs, taste mich an andere Frauen heran. So sehr ich den Kult der Einsamkeit auch pflege, so sehr leide ich zugleich daran. Immer auf der Suche. Doch so einfach ist es damals nicht mit dem Finden. Noch ist kein Hauch von dem zu spüren, was als „sexuelle Befreiung" in die Geschichte eingehen wird. Eine emanzipierte Frau ist zu jener Zeit die, die ihre Sexualität schützt, zur kostbaren Ware macht, die nur der bekommt, der ihr dafür auch eheliche Treue verspricht. Das aber will und kann ich nicht. Ich bin gebranntes Kind – habe Angst, in jenem Ehekrieg zu enden, der meinen Eltern – und uns Kindern – das Leben so unerträglich gemacht hat. Die Suche nach dem moment parfait *scheint mir die Alternative, doch auf dem Weg will kaum eine Frau mitmachen, zu groß das Risiko. Und so verkümmert ein Beziehungspflänzlein nach dem anderen, kaum daß es aufgegangen ist. Vielleicht war es so auch am besten; wer mich ziehen ließ, tat vielleicht nicht das Dümmste.*

18. August 1961

„Du mußt immer alles zergliedern, und ich will nur das Ganze", sagte mir M. einmal. Denken kann zerstören. Aber Denken gibt auch Kraft. Immer versuche ich, alles zu Ende zu denken, eine Klarheit zu erreichen, an der ich dann doch scheitere. Alles beginnt sich alsbald im Kreis zu drehen, wird schneller, verworrener, verliert Form und Festigkeit. Wie schwer es doch ist, daraus wieder aufzutauchen, einen neuen Anlauf zu versuchen. Die Wahrheiten, die ich entdecke, scheinen nur Augenblicke zu dauern, schon mit dem nächsten Gedanken wieder in Frage gestellt. Und warum beschränke ich mich dann beim Denken und Schreiben nicht auf *hard facts,* gibt's die denn nicht? Aber damit wäre ich nicht zufrieden. Ich will mehr als die Kilometer zählen, die ich zurücklege. Da ist mehr, dem ich auf der Spur bin. Und auf dieser Spur darf das geschriebene Wort kein Lebensersatz werden.

28. August 1961

In Iraklion lese ich noch einmal, was ich vor zehn Tagen in Delphi schrieb, spüre Zweifel. Die Sprache – auch die durch Schrift fixierte Sprache – gehört zu dem Wichtigsten, das der Mensch besitzt. Wenige ergreifen diese Möglichkeit. Gedankenlosigkeit und Banalität, wohin man blickt. Der Einsame, der sucht und fragt, hat eine besondere Chance, doch selten nur nutzt er sie. Er droht, das Sprechen zu verlernen und zu Grunde zu gehen, weil er niemanden findet, dem er sein Wissen anvertrauen kann. An sich selbst aber erkennt er immer neue Grenzen, die er nicht zu überspringen weiß. Und je länger dieser Zustand dauert, desto gefährdeter ist er.

Ich bin auf der Suche und – verweigere mich doch. Ich bin nicht bereit, mich auf jene Krake, die sich Gemeinschaft nennt, einzulassen, auch wenn's an der Oberfläche manchmal so aussehen mag: jeder Mensch will schließlich mal seine Ruhe. Ich fühle mich allein mit meinem Protest und meiner Wut. Wen interessiert das schon? Aber ich hoffe auf Zeiten, wo man hinaustreten kann mit seinem Zorn und nicht mehr allein ist. Hinter der Empörung muß der Wille stehen – der Wille zum Handeln. Die Tat zählt. Und die Gedanken, die dahin führen. Mag auch der andere Weg der bequemere sein: sich mit seinen Gedanken als Meister des philosophischen l'art pour l'art unter der Bettdecke zu verkriechen. Am Ende steht auf dieser Spur unvermeidlich der große Katzenjammer: Und das soll alles im Leben gewesen sein?

Wie sehr habe ich früher die beneidet, die ein Buch mit Hunderten von Seiten zu schreiben wissen. Woher der Stoff, der all die Seiten füllt, habe ich mich gefragt. Heute sehe ich das anders. Wie die Fülle des Vorhandenen sichten, wie Ordnung und Klarheit schaffen? Das Buch, das ich schreiben würde, müßte vom Ertrinken im Meer des Zuviel und des Ungeordneten handeln – und daran scheitern. Ich lasse lieber die Finger davon. Eines Tages werde ich neue Klarheit gewinnen – oder zumindest den beruhigenden *Schein* von Klarheit.

29./30. August 1961

Auf der Rückfahrt von Iraklion nach Piräus an Bord der „Ikathirini". Die

Bilder Kretas. Iraklion: die Hitze über der staubigen Stadt, die Nächte am Strand in der Nähe der alten verrosteten Schiffskessel, die Besäufnisse in der strohgedeckten Hütte über den Klippen – Uzo, Retsina, Uzo, Retsina, bis ich grüne Galle kotze, das Seeigelschlürfen am Fuß der Klippen und manchmal der Blick hinüber zu dem in der Hitze flimmernden grauen Steinsarg. Da sitzen die Kommunisten, flüstert mir jemand zu, seit dem Bürgerkrieg und bis in alle Ewigkeit, wenn's nach dem Willen derer in Athen geht. Besetzte Insel, murmelt er und geht, ohne eine Frage zuzulassen. Still liegt der riesige Sarg im Mittag. Im Rücken das Rauschen des Seeigelmeeres.

Andere Bilder steigen in mir auf. Tymbaki auf der Südseite der Insel, am Ende Europas: ein Mauleselpfad zwischen Bambushecken und dann das Meer. Die Lybische See. Da drüben – unsichtbar – beginnt Afrika. Wie Nadeln sticht der Sand, aufgewirbelt vom heißen Mittagssturm. Ich träume davon, mich als Flaschenpost auf die Reise zu begeben, um irgendwann anzukommen – drüben an den Ufern der großen Wüste. Ich krieche in gesprengte Bunker, laufe über eine verrottende Rollbahn. Der Krieg ist vorbei, und zu einem neuen taugt das alles nicht mehr. Das macht das Bedrükkende erträglicher.

Und dann die Nächte in den berühmten Ruinen der Insel: im Minos-Palast von Phaestos, in einer Steinbadewanne des Palastes von Knossos. In der Geschichte von Jahrtausenden schlafen...

Wir nähern uns Piräus. Ich lasse die knarrenden weißen Windmühlen von Malia in die Erinnerung zurücksinken – den Traum eines Sommertags. Am Ufer warten sie schon auf uns, die kleinen und die großen Ganoven mit ihren Raubtiergesichtern.

Salzig und ausgedörrt fahre ich nach Athen – lachende, weiße Eulenstadt.

1. September 1961

Korinth. Was für eine Überwindung zu schreiben! Ich ziehe die Flüchtigkeit der Gedanken dem in der Schrift fixierten Wort vor. So endgültig und unumstößlich erscheint letzteres. Die Grenzenlosigkeit der Gedanken entspricht viel mehr dem zerrissenen Leben, das ich führe. Die Identifikationsfigur dieser Tage ist der Don Quichotte.

Aber ich hörte nicht auf zu schreiben. Ich fing ein, was mir möglich war: die Flüchtigkeit der Gedanken; weiter vorzudringen gelang mir noch nicht. Kein sicherer Boden unter den Füßen; das sollte noch dauern. Doch wem es um den Chronisten geht, dem vermag ich immerhin nachzuhelfen. Die Daten stehen in meinem kleinen blauen Kalender: „7. Oktober, Ankunft in Paris, Absteige im ‚Hôtel Maréchal Ney'."

2

Sous le pont Mirabeau...

Sous le pont Mirabeau coule la Seine
Et nos amours
Faut-il qu'il m'en souvienne
La joie venait toujours après la peine
Guillaume Apollinaire

Wie sehr ich Apollinaire doch liebte. Den und Rimbaud und Villon, die Vagabunden. An hungrigen Tagen lernte ich Gedichte auswendig, oben in der winzigen Kammer unter dem Dach des kleinen Hotels in der Rue Descartes. Mitten im Quartier Latin, mit Blick in die Kammer direkt gegenüber oder, wenn ich den Kopf verdrehte, hinauf in den grauen Pariser Winterhimmel. Unruhig streunte ich umher – hungrig in Bauch und Kopf. Kreuz und quer lief ich durch die Stadt, immer auf der Suche, nie am Ziel. Und doch glücklich!

An die Sorbonne ging ich ein- oder zweimal: Aufstehen! Setzen! Aufstehen! Setzen! Da hätte ich gleich in der Bundeswehr bleiben können. An die Sorbonne ging ich fortan nur noch zu Kundgebungen und Demonstrationen. Der letzte Winter des französischen Kolonialkrieges in Algerien. Immer blutiger die Anschläge der OAS, immer brutaler die Repression der Polizei, je unausweichlicher die Niederlage in Algerien. Immer breiter aber auch der Widerstand in Paris. Ich lerne auf der Straße. Werde hineingezogen in die Ereignisse. Einer unter vielen. In den Nächten detonieren die Bomben. Ich muß zusehen, wie Algerier von der Polizei auf offener Straße zusammengeschlagen werden. Voller Haß, Angst und Ohnmacht werde ich zum Augenzeugen des Unfaßbaren. Algerier, die ich kennenlerne, erzählen mir von Folter und Mord in ihrer Heimat. Dann die Demonstration vom 8. Februar 1962, die Toten an der Métro Charonne. Und wenige Tage später dieser endlose Trauerzug durch Paris. So unübersehbar viele Menschen in den Straßen...

Warum ist all das an Widerstand hier möglich und nichts, aber auch gar nichts Vergleichbares jenseits des Rheins? Wieso schläft das Land, aus dem ich komme, einen derartigen Todesschlaf? Gibt es nicht genügend Anlaß zur Empörung auch bei uns? Doch nichts rührt sich. Eingebunkert im schlechten Gewissen ein ganzes Land. Nichts sehen, nichts hören, nichts denken, nichts spüren, vor allem nichts erinnern. Nur fressen, immer fressen! Und Eigenheime bauen, in die Glotze schauen und Stoßstangen aus Chrom hochglanzpolieren.

Als Eldridge Cleavers Seele auf Eis *wenige Jahre später erschien, war für mich mit diesem Titel auch mein bisheriges Leben auf den Begriff gebracht.* Soul on Ice – *das war mein Leben daheim. „Deutschland ist eine alte Sau, die ihre Jungen frißt", hatte ich mir – leicht abgewandelt – einen Satz aus dem Ulysses von James Joyce aufgespießt. Wie sehr er doch traf, dieser Satz!*

Aber in jenem Winter 61/62 streunte ich durch Paris. Sog die Stadt in mich ein: Theater, Kinos, Museen, Buchhandlungen, Antiquariate. Und immer diese

Straßen, diese unendlich vielen Straßen von Paris. Glücklich, dem Leben zu begegnen – und einsam zugleich wie so viele Ausländer in dieser Stadt: Paris schottet sich hermetisch vor all den Fremden ab, die unaufhörlich angezogen werden. Selbst da, wo unter den Sprechchören „OAS – Assassins" oder „OAS – SS" so viel Verbindendes zu sein scheint, wird meine Einsamkeit nicht aufgehoben. Ich bleibe allein unter den vielen und weiß dennoch: hier ist mein Platz.

In jenem Winter beginne ich, in meiner ungeheizten Dachkammer unter dem grauen Pariser Himmel Gedichte zu schreiben. Ich tue dies voller Ängste und Unsicherheiten.

Blattläuse

Kleine tintenblaue Läuse tanzen auf meinem Blatt:
Blattläuse.
Ich schaffe sie heimlich
Und pflege sie sorgsam.
Ich weiß nicht,
Wie sie anderen begegnen.
Ich setze sie ängstlich in Freiheit.

Die Blattläuse *stehen am Anfang, entscheide ich. Wie gut sie dahin passen, wie sehr sie meine Ängste und Hoffnungen doch ausdrücken. Und dann das. Es gefällt mir noch heute, so viel Hoffnung inmitten der Einsamkeit:*

Freunde

Mit mir gehen manche,
Den Weg mir weisend
Oder selbst noch suchend.
Wenige nur,
Aber doch genug,
Um nicht einsam zu leben.
Deshalb bin ich zu Hause,
Wo Freunde leben mit mir.

Ich sortiere aus und um und habe schließlich drei dünne Stapel Papier vor mir liegen. Den Rest zerreiße ich. Paris, die Stadt, in der ich zu leben und zu lernen begin-

ne, steht über dem einen Stapel. Traumreisen über dem anderen. Und dann den da, murmele ich verächtlich: Gedichte über die germanische Sau, die ihre Jungen frißt – und bei der ich mich doch immer wieder blicken lasse, um mich alsbald aus ihrem Stall zu machen... Der zweite Stapel verschwindet wieder im Schreibtisch; nur die beiden anderen bleiben am Tageslicht. Ich greife zu dem Stapel mit den Pariser Gedichten. Keines trifft die damalige Zeit besser als das, das schon ganz oben liegt, entscheide ich nach mehrmaligem Durchblättern:

Befreiung

Unsere Bilder müssen bizarr sein,
Denn wer einmal das Leben aufreißt,
Brennt in der Lava.
Nichts ist mehr Festpunkt
Nichts ist mehr Form
Und im Widerspruch
Wächst alle Einheit
Zur neuen Frage.

In langen, einsamen Pariser Nächten sitze ich auf meinem quietschenden, fast bis zum Boden durchhängenden Bett. Eine grelle Glühbirne baumelt an einem Kabel von der Decke. Ich trinke Préfontaines – das ist nicht der schlimmste der billigen Tafelweine, kaue an einer Gummibaguette vom Vormorgen und versuche festzuhalten, was mich bewegt. Nichts macht diese zum Hotelzimmer aufgewertete Abstellkammer wohnlich. Ich lebe in einer Absteige wie Zehntausende in Paris. Geduldet zwar und ausgenommen, nicht aber willkommen. Das meiste, das ich in diesen Nächten schreibe, finde ich heute unerträglich; weniges nur mag ich wieder hervorholen.

Diebereien

Liebeserklärung
Diebeserkältung
Diebesliebe
Ein Dieb stiehlt Liebe
Ich stehle Liebe trotz Erkältung

Molekulargedicht

Du
Deiner
Dir
Dich
Alles Du

Irrtum

Ein verirrter Wurm
Kroch auf den Turm.
„Wie ist die Welt so schön –
Ich werde fliegen."

Freiheit

Ein Mann glaubte,
zwischen zwei Wegen wählen zu können.
Doch als er den zweiten Weg betreten wollte,
fürchtete er sich, den ersten zu verlassen.
Da beschloß er,
Die Freiheit nicht wieder in Frage zu stellen.

Leuchten

Kleine Lichter werfen ihre Schatten selbst voraus
Große setzt man auf Sockel.
Die Großen werden von Tauben beschissen,
Die Kleinen werden vergessen.

Glücklich, wer keine Leuchte war...

Fünf Wahrheiten

Nur wegen der Dummen weiß jeder,
daß er klug ist.

Wer glaubt, verstanden zu haben,
hat den bequemsten Weg gewählt.
Am schwersten ist der zur Frage.

Man tut, was man kann,
und immer haben andere mehr getan.

Die meisten Menschen
leben noch im Gestern oder schon im Morgen
und vergessen darüber das Heute.

Nicht nur die Wahrheit
verändert die Wirklichkeit,
sondern auch die Lüge.

Vorsicht

Den Atomstaub geben wir immer anderen zu fressen,
sagte der Mann auf der Straße.
So lange der Wind günstig steht.

Meine Gedanken bleiben an einem kurzen Text über den französischen Kolonialkrieg gegen Algerien hängen. Bruchstücke dessen, was ich in Paris erlebte, sind darin aufgehoben. Mehr nicht. Und doch genug, dem nachzuspüren, was mich damals bewegte.

Capoulade

In den Cafés am großen Boulevard saßen die Neugierigen und die Gelangweilten wie an jedem Tag, rauchten ihre Gauloises oder ihre Gitanes, tranken einen Express oder ein Demi Pression, steckten die Nase in die Zeitung, schwiegen oder führten vielsagend belanglose Gespräche. Hin und wieder stürzten sich auffällig unauffällig herumlungernde Gestalten, de-

nen man den Beruf auch in Zivil auf Schritt und Tritt ansah, auf einen Araber und schleppten ihn im Würgegriff zu einem der vergitterten schwarzen Einsatzfahrzeuge, die da wie Leichenwagen herumstanden. Die Frauen trugen kurz. Die Saison begann. In der Dämmerung der kurzen Röcke träumte zarte Wäsche fremden Händen entgegen. Über der Angst lag der Traum. Je t'aime. Den Mädchen gegenüber saßen die Erfahrenen, den Apéritif in der einen Hand und die andere auf den Knien der Mädchen. All diese so unwiderstehlich Erscheinenden, die das Café nie zu verunsichern schien. Draußen, auf dem Boulevard, schlug die Polizei in fliehende Demonstranten. Die Schreie wurden geflissentlich überhört. Im Capoulade ging es ums Ganze.
„Ich bin müde", sagte die eine.
„Er kommt heute nacht", sagte die andere.
„Darf ich Sie zu einem Martini einladen?" fragte der Mann gegenüber.
Die Polizei führte schon wieder zwei Algerier ab.
„Was stehen die auch vor dem Café herum."
Garçon, wo bleiben die Martini?"

Die meisten Texte kritzelte ich bei meiner endlosen Herumstreunerei irgendwo an kalten, windigen Straßenecken oder in U-Bahn-Eingängen auf Zeitungsränder oder Fahrkarten. Oft nur stichwortartig und doch ausreichend, um der Flüchtigkeit der Gedanken Einhalt zu gebieten – Pariser Impressionen eines ruhelos Suchenden:

Rue St. Denis

Eine Bezahlbare tritt auf
in der Rue St. Denis.
Sie hat einen seifigen Mund
und ihre Beine sind von unten bis oben...
Und wenn man nach ihr greifen will:
„Erst mal zahlen, Kleiner,
dann geht's runter,
dann werd' ich munter
und so..."

Sie ist ganz Demut –
gegen Bezahlung.
Hinter ihr blickt man in den schwarzen Türkanal:
Gott, was für ein Loch.

5.30 Uhr

Gegen Morgen nähere ich mich den Hallen
An meiner Krawatte
Ein Rest Kultur.

Aus dem Priester
Saugen dürstende Nonnen das heilige Opium.
Weich lächelt ihr Mund.

In die Karren
Fallen die geschlagenen Köpfe:
Danton
Robespierre
Eine Republik
In das Blut der Hallen
Ochsenschädel.
Diese Engel halten die Augen geschlossen:
Die Corrida im Schlachthof
Entbehrt jeder Größe.
Man stirbt für ein *bifteck.*

Allzu lange hält es mich nicht in Paris. So viel Hunger. So viel Einsamkeit. Das Studium an der Sorbonne abgeschrieben, bevor es richtig begonnen hat. Und zu den Kreisen der Rebellischen auch nicht der Kontakt, den ich mir wünschte. Die haben anderes zu tun, als sich eines chaotisch herumsuchenden Ausländers anzunehmen. So bin ich, als die Sonne erstmals den Frühling ahnen läßt, wieder auf und davon.

3

Das germanische Ungeheuer

Es vergehen Wochen, bis ich wieder einmal dazu komme, der Geschichte des Jahrzehnts nachzuspüren. Ich blättere in meinem kleinen Taschenkalender für 1962. Eintragung Ende Februar: „Rentré dans l'enfer." Zurückgekehrt aus Paris in das Land, das sich Heimat nennt. Kurz darauf wieder unterwegs. Knappe Tagebucheintragungen. Bei Schnee und Eis durch den Balkan. Anfang März in der Türkei. Auf spiegelglatten Straßen über die anatolische Hochebene. Die Augen so müde, daß in den kalten Mondnächten Wirklichkeit und Traumbilder kaum noch zu trennen sind. Ein Verrückter, der mich an der jugoslawischen Grenze eingeladen hatte, fährt und fährt und fährt... An den Straßenrändern die verendeten Wagen derer, die von ihren Traumbildern überwältig wurden. Und dann Mersin, hinabgetaucht in die Hitze, das blendende Licht. Endgültig jenseits des Winters, wie leicht der Körper sich bewegt. Wenige Kilometer noch bis Syrien. Aleppo, Damaskus. Dann Beyrouth, die Weiße, halb Europa, halb Arabien. Aller Reichtum des Orients bietet sich hier preis – und alles Laster. Unter dem Gefunkel vibriert es: jeder belauert und begaunert jeden, und wer am geschicktesten dabei ist und am skrupellosesten, klettert ganz hoch. Und dann wieder zurück nach Damaskus – verrottender Traum aus Tausendundeiner Nacht unter den Stiefeln der Militärs und den Sandalen der Geheimpolizei. Weiter nach Amman, der wuchernden Siedlung armseliger Scheußlichkeit in der großen Wüste. Am Rande der Stadt die Lager der palästinensischen Flüchtlinge.

Ich höre Dinge, die ich nicht glauben will und doch als wahr erkennen muß: So manche von denen, die den Vernichtungslagern der Nazis entkommen sind, werden hier selbst zu Tätern – verantwortlich für die Vertreibung und Verfolgung eines anderen Volkes. Israel, bei uns jeder öffentlichen Kritik enthoben – ein unterdrückendes Land? Das als Realität und nicht als Notlüge ewiggestriger Germanen auf der Flucht vor der eigenen Verantwortung zu erkennen, wird zur tiefen Erfahrung dieser Reise. Die Verbrechen der Nazis zu verurteilen, ist und bleibt das eine – die Augen vor der israelischen Wirklichkeit nicht zu verschließen, aber ist fortan das andere.

Nach Tagen in der Wüste dann durch das Mandelbaumtor aus dem alten, jordanischen Jerusalem in die israelischen Viertel der geteilten Stadt. Dieses Hin- und Hergeworfensein zwischen Verstehenwollen und die Augen doch nicht verschließen können vor dem, was hier geschehen ist: Opfer zu Tätern geworden, beteiligt an der Unterdrückung der Palästinenser. Was ich darüber im Soukh von Damaskus, in den Cafés Beyrouths, in den Lagern Ammans hörte, es läßt sich nicht wie ein Alptraum im Morgengrauen hinwegwischen.

Aber da sind nicht nur die, die durch mich hindurchsehen, als sei ich Luft: die Überlebenden des Holocaust, die vorbeihuschenden Juden des Orients, die Religiösen, die jedem Ungläubigen aus dem Weg gehen. Da sind nicht nur die Jungen, besessen vom Rausch militärischer Größe und Unbesiegbarkeit. Da sind auch die, die vor dem Weg warnen, auf dem das Land sich befindet, die wissen, daß sie anderen –

den Palästinensern – etwas von dem antun, vor dem sie selbst hierher geflohen sind.

Vor mir dann die Rückkehr in jenes Land, in dem jedes Wort der Kritik an Israel tabu ist. Und doch ist diese Kritik auch bei uns nötig, muß möglich werden, ohne auch nur den Verdacht aufkommen zu lassen, man wolle eigene Verantwortung nicht tragen, arbeite den Nazis in die Hände. Es sollte noch Jahre dauern, bis das allmählich möglich wurde.

Ich suche meine Pariser Gedichte über das germanische Ungeheuer heraus: Anklagen gegen die Generation der Eltern, der Täter. Nichts davon hat sich bis auf den heutigen Tag erübrigt. Israelische Schuld befreit uns nicht von unserer eigenen.

Einer meiner Väter einer meiner Mörder einer von Millionen

Es war noch im letzten Krieg und ich ein Kind, und ich verstand noch nicht. Ich war schon ein Kind, und es war Krieg, der letzte Krieg, zwischen Kiew und Stalingrad verblühte der gefürchtete Sieg. Väter töteten, Väter wurden getötet, so viele Väter. Einer meiner Väter, ich hatte Millionen, traf dort das Mädchen mit dem Duft der Anemonen...

...doch das Lied der Liebe lebt nicht mehr.

Einer meiner Väter, einer von Millionen, schlief in dem Duft von Anemonen, schlief in dem Duft der schwarzen Angst, die in dem Mädchen wacht. Und der Deutsche hat sie mit einem fremden Namen bedacht. Jener Name aus der Ferne hat sie zittern gemacht, nur die Angst hat ihren Schlaf bewacht. Einer meiner Väter ist zu einem Mädchen als Tod gekommen, ein Soldat und ein Vater, der seine Tochter zu töten beschloß, ein fremdes Mädchen mit den Augen der Angst...

...und das Lied der Liebe lebt nicht mehr.

Er schlief mit ihr zwischen heute und morgen, und dann kam der Tag, und vor der neuen Nacht hat er sie angelacht und sie gefragt, wer sie zur Zigeunerin gemacht. Es war noch im letzten Krieg und ich ein deutsches Kind und sie ein Zigeunerkind und doch auch ein Kind, als mein Vater den Mord beging. Bevor die Nacht das Dorf in der Stille begrub, küßte im Garten ihren roten Mund der letzte Anemonengruß...

...und das Lied der Liebe lebt nicht mehr.

Der erste Schnee

Vielleicht mein Vater. Sie sahen sich alle so ähnlich damals, das machte die Uniform, mein Vater vielleicht, wenn er auch sagt, daß er in jenen Tagen nicht in jener Gegend kämpfte. Oder irre ich mich? Sie waren einander so ähnlich in jenen Tagen. Alle in Uniform. Und heute sind sie schon wieder einander so ähnlich, so bösartig ähnlich, die Söhne zu Vätern geworden. Und der Väter Schweigen erdrückt schon wieder die Söhne.

Es war zu der Zeit, da sie die großen Ebenen im Osten überfielen, das Land an der Wolga. Nie wird man die Zahl der Toten jener Jahre wissen. Im Herbst fanden die Schlafenden ihr schlammiges Grab unter dem braunen Laub, noch bevor der Schnee fiel. Panzer schoben ihre flachen Stahlbäuche über das Herbstlaub. Rußland weinte einen gelben Herbst hindurch an der Wolga.

Dort in der Ferne standen einige Männer Wache, unter denen vielleicht mein Vater war. Aus der Steppe kam ein Mann zu den Deutschen, und als er sie sah, sagte er: „Ich, Überläufer." Und er dachte an gelbe Maisfelder, die ihre Früchte dem Winter reichen würden.

Zwei Deutsche führten den Mann, der ein Russe war, in ein Haus tief im Schlamm, wo der *Chef* gerade ein Gespräch mit einem *Höheren* beendete.

„Jawoll, Herr Major, mit Stumpf und Stiel!" sagte der Chef.

„Was ist, Gefreiter?" fragte er den Eintretenden.

„Melde gehorsamst: Russe aufgegriffen, behauptet, Überläufer zu sein."

„Na, Sie wissen doch, Überläufer heißt Irrläufer", sagte der Chef und sah in den Höheren. Der nickte. „Und Irrläufer laufen weiter: zurück zum Feind."

„Spieß, lassen Sie den Mann erschießen", befahl er dann nach unten und sah wieder in den Höheren.

„Gefreiter Christ, tun Sie Ihre Pflicht", gab der Spieß den Befehl weiter.

Der Gefreite Christ verließ die Schreibmaschine, seine säuberlichen Additionen aus Toten, Verwundeten und Sterbenden; er nahm die Maschinenpistole in die Hand, die Nähe des Ofens hatte sie gewärmt, er empfand ihre Wärme als angenehm und bedauerte, daß sie gleich erkalten würde.

Er ging hinaus in den ersten Schnee und vor ihm ein Russe, ein schwarzer, taumelnder Schatten. Als sie am Ufer des großen Stromes standen, sagte der Gefreite Christ: „Dreh dich um, Russe, sieh dort hinter dem Schnee das Licht! Die große Sonne, wie schön sie ist, wie eine rufende Mutter. Schön wie eine rufende Mutter."

Er schoß in den Rücken des Russen und sprach noch immer von der großen, blutenden Sonne.

„Befehl ist Befehl", dachte er, steckte seine Maschinenpistole unter den Mantel, um sie warmzuhalten, und kehrte an seine Schreibmaschine zurück.

knock-out

kriegsgetümmel
heeresgewimmel
manneshimmel
soldatenlümmel
ein heer zieht in die schlacht

schlachten: schenkel
schädel
bäuche
bein
und
blut

mir einen orden
mich bitte nicht morden
soldatenlied
soldatenblut

knochen
knirschen
aus

Des Soldaten Feind

Fürchte dich, Soldat,
Dein General spricht vom Sterben.

Fürchte dich, Soldat,
Dein General befiehlt deinen Tod.

Fürchte dich, Soldat,
Vor deinem General.

Im grünen Dschungel Germaniens

> Il y a enfin, quand l'on a faim et soif
> quelqu'un qui vous chasse
> Arthur Rimbaud

Ich sei romantisch, wirft man mir vor. Nein, romantisch sei ich nicht, meinen andere. Bestenfalls sei ich ein diffuser Wagnerianer. Aber gegen Wagner führe ich Krieg. Daß ich Rimbaud nicht überwunden habe, höre ich oft. Und: ob ich nie mit meiner Pubertät abzurechnen gedenke? Doch hat man je einen Gehenkten den Strick abschneiden sehen, an dem er hängt? Also, laßt mir Rimbaud. Und mein Pathos. Große Gegner bekämpfe ich mit großen Worten: Dieu est en marche – Dieu est mort, schade. Und dann? Sie führen tausend Germanen gegen mich ins Feld. Meine halbbürgerliche Existenz bleibt dennoch der untergehende Himmel, nach dem ich mich sehne. Nein, ich will nicht umkehren!

Noch immer lebe ich im grünen Dschungel Germaniens. Nicht, daß es mir Freude bereitet. Ich strahle dennoch vor Zufriedenheit, ich höre die Welt noch ticken.

Ich suchte mich in der Fremde, doch eines Tages kehrte ich um und begann, gegen den Strom zu schwimmen. Hinter mir weinten die Krokodile, sollen sie. Ich bin weder Christ noch Militarist, weder Antisemit noch Nationalist geworden. Ich trinke ihr Bier und ihre Milch; ansonsten verweigere ich mich.

Im grünen Dschungel des Wirtschaftswunders. Die Stunde der fetten alten Herren. Termiten nagen sich durch Großhirnrinden, Großstadtstraßen, Großverdiener, Gernegrößen, durch alle Größen. Ich bin keine Größe. Niemand fragt nach mir. Nur Kindern kann ich von mir erzählen. Und Fremden. Die anderen sind verseucht; wer's nicht ist, ist untergetaucht. Sie träumen noch immer vom Größten aller Großen, dem Symbol des entfesselten Stammtischs, dem germanischen Ungeheuer.

Ich nehme gern die mir zugewiesene Stellung ein. Es ist mein Vorteil, daß sie mich unterschätzen; so wächst meine Chance, daß ich sie mir eines Tages, einer unter Millionen, vom Hals schaffe.

Denk ich an Deutschland

Möchten Sie –
        – achtzig, danke. Endlich draußen.
Was sagten Sie?
        Hören Sie nicht zu, wenn ich schweige?
Glauben Sie, daß –
        – keine Zeit, mein Herr.

Sehen Sie doch, alles ging gut, nichts passiert,
nur ein leichter, kleiner Schaden.
        (Liebling, kaufst du mir 'nen neuen Wagen?)
Meine Frau will – was?
Ach, die wird abgeschafft!
An der nächsten Ecke steht die nächste,
die kann's genauso...

Vorsichtig, junger Mann.
Ach so, Sie sind es? Nein, wie angenehm!
Verluste?
Hauptgewinn?
Steht in der Zeitung drin?

        Hut gezogen,
        Frech gelogen,
        Abgeschoben.

                Ja, das Leben ist herrlich,
                Ja, das Leben ist groß.
                Mensch ärgere dich nicht,
                Bald geht's wieder los.

An Ecken lauern,
Über Theken kauern,
Mensch, haste die geseh'n,
So im Vorübergehn?
War alles dran,
Das reizt den Mann.

Ja, das Leben ist herrlich,
Ja, das Leben ist groß.
Sieh einmal um dich,
Bei uns geht's wieder los.

Waren Sie auch einmal arm?

Unten angefangen? Ehrensache!
Hinaufgemogelt? Klare Sache!

Sind sie glücklich?
Ja, immer vergnügt!

Danke, das genügt...

4

Vagabunden

Mit meiner Unruhe bin ich nicht allein. Im Juni '62 geht's auch bei uns los. Die „Schwabinger Krawalle" – erstes Wetterleuchten der Revolte. Fast eine Woche ist im Münchener Norden nichts wie gewohnt. Am Anfang steht die Verhaftung einiger gitarrespielender Straßenmusiker zu nächtlicher Stunde. Die Nachricht macht die Runde durch das sommerliche Schwabing. Neugierige und Empörte strömen zusammen, drängen auf die Leopoldstraße, blockieren schließlich Auto- und Straßenbahnverkehr. Ein später Polizeieinsatz bringt dann Schwabing endgültig zum Kochen. Und so geht das weiter, Abend für Abend, immer neu angeheizt durch das damals kaum Faßbare, inzwischen längst Alltägliche – die Polizei spielt zum Tanz auf: Cafés werden aufgemischt, Diplomaten verprügelt, alten Omas ein paar drübergezogen und friedlich Daherspazierende niedergeritten.*

Und doch: es ist anders als wenige Monate zuvor in Paris. Eher ein übermütiges Volksfest, wenn auch für viele mit blutigem Ausgang. Von Anfang bis Ende bin ich dabei. Doch da ich in Paris gelernt habe, mir meinen Schädel nicht unnötigerweise blutig schlagen zu lassen, gelingt es mir hier, ein bißchen Glück ist auch dabei, im richtigen Moment auf und davon zu sein – sei's durch einen schnellen Sprint die Straße hinab, einen flotten Sprung über eine Hecke oder einen Klimmzug eine Mauer empor. Ich bin in dem Alter, wo all das Spaß macht, habe wahrscheinlich zu wenig davon in meiner Kleinstadtjugend erlebt. Den Anlaß finde ich dabei eher läppisch: in Paris ging's um die Befreiung eines kolonialisierten Volkes, in München um ein paar Gitarrespieler, die angeblich die Ruhe auf dem lärmenden Boulevard störten. Doch wenn schon ein derartiger Anlaß hierzulande ausreicht, das Faß zum Überlaufen zu bringen...

Sommer '62. Eine Weile hänge ich in Wien rum, warte auf ein Visum nach Polen, das mir tagtäglich versprochen, nie gegeben wird. Schließlich drehe ich ab, mache mich auf den Weg in die Provence. Ende August lerne ich C. in Arles kennen. In warmen Sommernächten liegen wir – moskitozerstochen – unter dem Sternenhimmel. Ich lerne ein Leben kennen, wie ich es noch nie gelebt habe, mache mich auf den Weg, mich aus meinen Fesseln zu befreien. Erstmals beginne ich, meine Sexualität ohne erstickende Ansprüche und Erwartungen zu erleben. Was zählt, ist der Augenblick. So radikal lebt C. diese Forderung, daß ich bald vor meinem eigenen Mut Angst bekomme und erkennen muß, wie sehr ich doch noch gefangen bin. In meiner Verunsicherung drückt mir C. die französische Übersetzung eines deutschen Autors in die Hände, von dem ich so wenig wie die anderen um mich herum jemals gehört hatte und der doch wenige Jahre später das Leben unserer Generation verändern wird: Wilhelm Reich.

Ein radikales Denken ohne Grenzen tritt mir mit C. entgegen; eine lebendige Aufforderung, alle Schranken – innere wie äußere – niederzureißen; ein chaoti-

---

* Ausführlicher habe ich die Ereignisse beschrieben in: „Schwabinger Nächte '62. Über einen vergessenen Aufbruch in die Revolte", in: *päd.extra*, Jan. 1986, S. 36–40

sches Bekenntnis zum befreiten Leben. Zwei Menschen begegnen sich da, in denen aber auch die Geschichte der letzten Jahrzehnte aufeinanderprallt: der Nazisohn, von der äußeren Erscheinung den teutonischen Herrenmenschen verkörpernd, und die Tochter eines jüdischen, kommunistischen Résistance-Führers, von den Nazis ermordet, das in den Kriegsjahren geborene Kind vor den Verfolgern versteckt, von der KPF als „Tochter der Partei" adoptiert, herangewachsen in einem Milieu, in dem eine Beziehung zu einem Nazisohn etwas Ungeheuerliches ist. Aber C. rebelliert gegen jenes Milieu, erhebt sich gegen die stalinistische Glucke über sich, treibt sich in spanischen Anarchistenkreisen in Paris herum, liebäugelt mit dem Trotzkismus und sucht sich schließlich auch noch einen rebellischen Nazisohn zum Geliebten.

Der Prozeß der Annäherung zwischen uns ist schwierig: so viel Mißtrauen ihrerseits, so viel Angst meinerseits. Die Geschichte des Grauens geht durch uns beide hindurch. Wir werden den Gedanken nicht los, daß wir uns auch als Täter und Opfer hätten gegenüberstehen können. Die Gnade der späten Geburt hat euch davor bewahrt, würden uns heute manche einzureden versuchen. Befreit von der Vergangenheit haben uns die wenigen Jahre jedoch nicht. So sind wir zusammen, entstammen zwei Welten, ich der Welt der Täter, sie der Welt der Opfer.

Wir treiben zwischen weißen Kalkfelsen, duftenden Pinienwäldern, verlassenen Gehöften und üppigen Feldern und Gärten herum, wo fast alles reift, was wir zum Leben brauchen. Und was uns noch fehlt, organisieren wir auf andere Weise. Wozu Geld, wenn geschickte Finger und ein kluger Kopf auch ausreichen?

Mit C. beginne ich, Rimbaud neu zu begreifen, lerne Verse auswendig, die mein neues Lebensgefühl wie wohl nichts sonst ausdrücken:

Elle est retrouvée.
Quoi? – L'éternité.
C'est la mer allée
Avec le soleil.

Oder diese Zeilen aus dem Gedicht Faim:

Si j'ai du *goût,* ce n'est guères
que pour la terre et les pierres.
Dinn! dinn! dinn! dinn! Mangeons l'air,
Le roc, les charbons, le fer.

Ob ich Rimbaud mit meinen Interpretationen gerecht werde, interessiert mich nicht; ich nehme seine Texte, wie ich sie brauche.

Nach wenigen Tagen ist C. auf und davon. Nicht zuviel Bindung, das Leben auskosten, immer unterwegs. Sie lädt mich, bevor sie überstürzt aufbricht, nach Pa-

ris ein. Wenige Wochen später bin ich – auf dem Weg in den germanischen Herbst – in Paris. Ich schlafe draußen, ohne Geld, unter den Seinebrücken, in den Tuilerien, im Bois de Boulogne, träume davon, C. wiederzusehen, und traue mich doch nicht, sie aufzusuchen. Sie lebt so anders. Wie würde ich damit zurechtkommen, wenn ich mich in ihr Leben hineinwage?

Heimgekehrt schreibe ich die Parabel vom wilden Leben:

Vagabunden! Villon ist tot!

Qu'on leur froisse les quinze costes
De gros mailletz, fors et massis.
F. Villon

1 Ich habe die Städte im Schnee verlassen und bin hinabgestiegen in die Wüsten aus Feuer. Lange wanderte ich, nie ohne Hoffnung. Gegen den Hunger las ich Rimbaud, gegen den Durst den Halunken Villon. Sie sprachen eindeutig, ihre Stimmen voller Kraft. Mit ihren Versen trank ich das böse Blut der Vagabunden.

Am Ende der Mondnächte fand ich Baalbeck. Tiefer im Süden badete ich in den roten Felsen Petras. Ich glaubte erstaunt, mein Ziel schon erreicht zu haben. Doch über den in der Glut berstenden Tempeln kroch die Angst wieder auf mich zu. Ich zog weiter ohne Ziel, fand die betenden Hirne von Qmran und blieb auch dort nicht länger als eines Tages Rast.

Im Schatten des Soukh traf mich der Frühling. Der Duft des Jasmin und der weißen Orangenblüten betäubte mich. Ich trank das Opium der Erinnerung und fiel zurück um Jahrtausende, unkenntlich vor mir selbst.

In der Nacht erreichte ich das Meer der Toten. Im Gerümpel abseits des Hotels überwältigte mich der Gestank der Leichen. Zwischen silbernen Fischen tauchte ich in die Tiefe des Salzes. Ich war allein in einer vergangenen Welt. Der Unwissende muß wieder sehen lernen. Zu lange schon träumen wir träge im Schatten der alten Gewohnheiten, geübt im Vergessen. Neue Ideen erscheinen uns unerträglich, und doch wachsen sie, uns zu verändern. Dem Wanderer weisen sie den Weg: „Du mußt die Veränderung üben!"

Als ich wieder auftauchte, hörte ich hinter dem Gerümpel das Echo von Schüssen.

Leben auf Zeit. Dennoch: leben. Du mußt die Veränderung üben. Wir liegen nur zu gerne im Schatten alter Gewohnheiten. Das Ungewohnte vermögen nur wenige zu ertragen. Und doch ist dort das Leben.

Wieder begab ich mich auf die Straße. Ich trug keine Schuhe, meine nackten Füße krallten sich in den schwarzen Asphalt. In der Nacht erreichte ich das Lager der Freunde. Über der vielköpfigen Herde der Teerfässer am Rande der Straße sah ich das Zelt Ahmeds, des Wächters. Ich trat ein und umarmte den knoblauchverströmenden Körper des Freundes. Bis in den Morgen tranken wir Tee und rauchten den Traum.

Aus den Tiefen hob ein Wind den verwesenden Sand und fügte Zerfallendes wieder zusammen. Ich sprach mit den Sklaven und hörte ihre Herren. Auf die Geburt folgte der Sklaventod – so wuchs unter Palmen die Wüste, unter Orangen der Staub, unter Menschen die Dürre. Kein Messias hat je die Sklaven befreit. Das taten sie immer selbst. Ihre Unterdrücker sind geflohen oder wurden vernichtet: Römer, Mauren, Kreuzritter, Türken, Inglesi. Die Sklaven haben tausend Schläge falscher Propheten ertragen. Das macht sie, die sie heute zur Macht drängen, so widerstandsfähig und stolz.

2 Noch fern von Bagdad, doch einige hundert Kilometer östlich der Tempel Baals, des Starken, verhaften mich die Soldaten des großen Herrschers. Sie verhören mich in ihren Zellen. Ich gebe schlechte Antworten. Sie fragen mich nach meinen Eltern, und ich antworte, ich hätte sie einst gewiß gekannt. Sie fragen mich, ob sie noch leben, und ich halte es für möglich. Aber sicher weiß ich nichts. Ich erinnere mich nicht einmal mehr meines Berufes. Keiner unter den Soldaten des großen Herrschers begreift meine Gleichgültigkeit gegenüber der Vergangenheit. So sei ja kein Protokoll zu schreiben. Sie sagen, ich sei das zersetzende Tier in ihrer Ordnung, und sie schlagen mich blutig.

Doch dann verspreche ich mich: ich sei bereit, in meine Heimat zurückzukehren. Sie glauben, meine Heimat liege dort, wo man mich meine verlogene Sprache gelehrt hat. So holen sie mich aus ihren Zellen und jagen mich davon. Ihre Gewehre befehlen mir den Weg zurück nach Westen, von wo ich gekommen.

3 Ich suche mir einen Hafen, darin das Salz aller Meere. Ich stolpere über die toten Fische und klammere mich an ein ölverschmiertes Tau. Vergebens spreche ich die bewährten Worte: sie sind mir unverständlich geworden. Meine Sprache versteht mich nicht mehr. Die einst so zuverlässigen Stimmen sagen Fragwürdiges.

Unruhig blicke ich in die Ferne, dorthin, wo ich die Antwort vermute.

Hafen ist Heimkehr und Ausfahrt, immer Frage, nie Antwort. Ist brackiger Tod und schale Hoffnung. Meine Hoffnung ist das Leben. Das schreie ich dem Beamten über seine Stempel hinweg in die Brille. Er tut, als höre er mich nicht. Leben, das ist in seinem Leben nicht vorgesehen. In den Nächten schlafe ich auf den fahlen Leibern der Fische, und am Morgen erhebe ich mich und streiche die silbernen Schuppen aus meinen Kleidern. Das Leben findet zu seiner ursprünglichen Eindeutigkeit zurück. Niemand unter den Aussätzigen im Hafen zweifelt daran. Ich nehme mir den glatzköpfigen Mond zur Laterne, an den Sternen entzünde ich meine Träume. Was für ein Schwank meines verrückten Gehirns.

Unaufhörlich quält mich der Hunger. Ich suche nach eßbarem Fisch, finde einige Oliven und kaue dazu ein Stück gestohlenen Brotes. Aber mein Hunger ist größer. Hafen ist Heimkehr und Aufbruch. Mein Weg ist noch weit. Die See habe ich in einer glücklichen Minute einmal meine gestaltgewordene Seele genannt und die Möwen im Hafen ihre Boten: ewig unruhige Seelenvögel. Ihre Schnäbel kreischen den Hunger meiner Seele hinaus in die Ferne. Und mit ihnen, den Boten, teile ich meinen Raub, das letzte Stück gestohlenen Brotes, in das wir uns kämpfend verbeißen.

Immer wieder bin ich auf den Straßen zu den Häfen am Ende meines Wegs. Zwischen den Fischleibern und den Salzfässern entfalte ich meine Karten, um den Augen die Wege ins Unbekannte zu weisen und Bekanntes aus der Vergangenheit hervorzuholen.

Manchmal bat ich die Reichen um ein Stück Brot, doch mit schönen Worten auf schmalen Lippen wiesen sie mich von sich. Mit Verachtung habe ich ihrer in den Nächten mit der Bouteille gespottet, mit dem Wein ihre Greisenhäupter dem Teufel geweiht, dem roten Schelm. Zu glücklich war ich, als daß ich sie hätte hassen können.

4 Und eines Tages auf See. Der erste Morgen an Bord, der Fluchtweg verschlossen. Zwischen den Stahlzähnen im Inneren des vibrierenden Maschinenhais der Kampf des Menschen gegen das wilde Tier, die Haut zerfressen von Salz und Rost. Ankunft im Ende. Ausgefressen, ausgesogen, weiße Knochen, die Ebbe und Flut allmählich zermahlen. Vergessen wir nicht: die Erfolge des Menschen scheinen überwältigend, die Natur gebändigt und unterworfen, der Mensch als Boß der Erde sich zu den Sternen streckend. Doch in den Nächten überfällt uns der Zweifel, kehrt die Angst zurück, dröhnen die Trommeln. Wir haben immer davon gewußt, doch die Lügen fanden so leicht zu uns. Und jetzt verlassen uns unsere Worte wie schlechte Freunde. Zurück bleibt die Angst. Hilflos schwimmen wir den Haien entgegen; keine Alge in den Händen, um an ihr hinaufzuklettern; die Wegweiser kreiseln in der Strömung. Gegen alles kämpfen, das den Traum bedroht? Der Traum: als Mensch zu leben.

5 Er wußte, was ich suchte. Ein wenig zumindest. Als er jung war wie ich, hatte er Stiere in den Arenen getötet, doch eines Tages war er es, der dem Tod in der Arena knapp entging. Als sie ihn nach Monaten aus dem Krankenhaus entließen, taugte er nicht mehr zu seinem alten Beruf. Er ging in den Schlachthof. Im Krieg hatte man ihm befohlen, Menschen zu töten; er hatte Dörfer gesehen, in denen niemand mehr lebte: kein Mensch, kein Tier – nur der Tod. Immer hatte, wo er war, der Tod in der Erde gekeimt.

„Du wirst es erfahren", sagte er. „Wir können ihm nicht entgehen. Wir leben, und der Tod ist immer dabei."

Wir kennen den Tod auf den Straßen und in den Arenen und auf den Schlachtfeldern; doch mehr noch fürchten wir den heimlichen Tod, der kommt, ohne daß wir vorbereitet sind zum Heldenspiel. Dieser Tod klammert sich affenstark um unseren Hals, daß wir in unser Herz hineinschreien, laut und verzweifelt. Heute will man uns das vergessen machen. Sie belügen unsere Angst. Du lebst dein Leben, du lachst, wenn andere lachen, du weinst, wenn alle weinen, du glaubst zu vergessen, und dann steigt doch aus den Tiefen das Ende.

6 Ich gedenke, da ich daheim auf den Seekarten die Routen der Zukunft einzeichne, der vergangenen Nächte, da ich unter den Segeln im Nordwind schlief. Ich zähle Sterne und Wogen und beginne mit Millionen, um ein wenig den Raum um mich zu füllen. Ich hole die Sturmnächte zurück in meine Erinnerung, als uns der Wind die Lungen zerriß und das Salz die Augen ausbrannte. Nein, dem Meer haben wir nie verziehen. Zu nahe wohnen da die Liebe und der Haß.

Auf meinen Karten zeichne ich die See schlammgrün und von dickflüssiger Tiefe, den Himmel wie Blei und die Delphine in Chrom. Manchmal glaube ich, einen Schrei aus den Klippen zu hören und suche vergebens nach einer Erklärung. Seltsame fliegende Fische überqueren mich, bevor sie sich in den Netzen eines Fischers verirren: Symbole der Freiheit, im Kampf unterlegen, Fischmehl zur Hähnchenmast. Aus der Tiefe steigen Botschaften von Toten, die zwischen den Ufern schweben. Manchmal nähern wir uns ihnen, erhoffen eine Antwort auf unsere Angst. Doch dann zerschneidet der Bug des Schiffes den Traum. Und aus unseren Augen fallen Tränen, die langsam davontreiben. Das Meer scheint gefüllt mit den Tränen der Enttäuschten.

7 Ich erinnere mich des Sommers, da ich als Kind das Meer erstmals spürte. Noch fern der Küste, im überfüllten Zug, gefangen unter Hosenbeinen in Zonen muffigen Männerschweißes – da war es plötzlich, eindeutig, überwältigend. Es war das Meer. Auf eine Fensterscheibe kritzelte ich

unbeholfen eine stürzende Möwe. An einem Sturmtag, Jahre später, sah ich in der Brandung den Tanz einer nackten Frau. Es erregte mich, ihren salzperlenbespielten Körper zu beobachten, das Verbotene, das Geheimnisvolle, das Unanständige. Heimlich nur folgte ihr mein Blick. „Junge, laß dich nur nicht dabei erwischen."

Ich mußte noch warten.

In einem anderen Sommer war es dann endlich soweit. Sie lag unter mir mit geschlossenen Augen, ich streichelte ihre Haare, küßte ihren Mund, suchte mit den Händen ihren Leib, fand das Neue, das Unbekannte, das Noch-Nie-Erlebte. Eine Minute des verbrennenden Einsseins, des Einschmelzen eines zertrümmerten Ich in einen unwiderstehlichen Prozeß des Lebens. Die Angst fiel, und plötzlich war da ein Brennen im Herzen, zog durch die Adern den ganzen Körper hindurch und pulsierte in einem unbegreiflich schnellen Rhythmus.

Aber dann war da doch wieder die Angst. Ich war plötzlich allein, allein mit meiner Kraft, die nur Schwäche war. Aus meinen Augen kamen Tränen, auf meinen Lippen spürte ich den herben Geschmack von Salz und Sand.

Ich erinnere mich nur noch undeutlich an das Ende dieses Tages. Erschöpft lagen wir schließlich da, schliefen ineinander verschlungen und erwachten erst fröstelnd unter dem kalten Mond.

8 In den Arenen fand ich eine Welt, die mir die ersehnte Befreiung versprach. Mit Faszination und Abscheu zugleich verfolgte ich das Ritual des Todes: ein Mensch wuchs unendlich langsam in die Höhe, seine Füße schienen den Boden zu verlassen, lautlos streckte er den Arm, der den Degen hielt. Man hörte Millionen von Sekunden in diese Hand strömen. Der Stier stand da, im Blut erblindet, in der heißen Sonne des Nachmittags erfroren. Und dann sah ich ihn aufbrüllend erstarren. „La muerte entra y sale y sale y entra."

Während sich die Zuschauer im wilden Applaus vom Tod zu befreien hoffen, werden zwei Pferde hereingeführt. Durch den Sand scharren die Ketten, mit denen der Stier hinausgeschleift wird. Das ist der Augenblick, um die Augen zu schließen. Man glaubt Aas zu riechen, tief im Inneren verkrampft sich der Traum, und in den Schreien der Menschen offenbart sich eine geifernde Lust, daß man erschrickt.

9 Ich suchte die großen Wüsten und die endlosen Ozeane, um nicht zu ersticken. Daheim hatten sie mich getreten, verspottet, meines Lebens beraubt. Ich hatte gelernt zurückzuschlagen. Dennoch hielt ich es dort nicht mehr aus.

Ich will leben, meine Kraft dem Wind und dem Salz geben und am Abend vor Erschöpfung in mich zusammensinken. In dem Land, das ich floh, stand Schnee in meinen Adern. Ich hämmerte mit dem Kopf gegen die Mauern und hörte das Echo: „Steige über uns hinweg und finde die Straße."

Ich gehorchte. Als ich die ersten Skorpione sah und der Hunger zu meinem Begleiter wurde, war dort das Leben.

10 Ich bin mit dem Hunger verbündet und mit dem Durst; die Philosophen sind meinem Gedächtnis entfallen; ich habe sie durch die Seefahrer ersetzt.

11 Djebl el Tarek. Ankunft am Abend. Algeciras, lauernder Hafen. Erste unsichere Frage des Fremden.

Ihm antwortet da die lilienarmige Jungfrau: „Keinem geringen Mann noch thörichten gleichst du, o Fremdling."

Und mit einem Lächeln: „Cincuenta pesetas, Señor, very good love."

Doch da der Fremde noch immer nicht überzeugt scheint: „Überschwengliche Wonnen bei deiner Schönen sich heben."

Vor Sonnenaufgang das Boot zum Affenfelsen. Oben, zwischen den ruhenden Wolken, das Lied an das Meer. Erschöpft vom Aufstieg kreist mein Blick in die Sternenwälder über dem Felsen, Nabel des Meeres, Wohnung der Tochter des Atlas. Langsam entgleite ich auf den Milchstraßen der Segler zu den Bergen Marokkos.

Fremde Worte finden das Ohr: „S'bah 'elkhir."

Man erkennt seine Freunde: „Merhaba."

Und dann: „Stich zu, du Hund."

Die Finger beginnen, die Zeichen der Pharaonen zu malen. So viele Sklaven, so viele Morde, und über den Toten wachsen die Pyramiden aus Tränen. Viertausend Kilometer ausgebrannte Küste. Und hinter dem Rif, jenseits der Flammen, der rote Staub des Gebirges, das der Riese trägt, Atlas, hinüber zu den Ufern der Wüste.

12 Manche Menschen müssen sich ausstoßen aus einer Welt, die ihnen die Luft zum Atmen nimmt. Die Verachtung durch ihre alten Freunde füllt sie mit Kraft, und Aussätzigen gleich fliehen sie aus den Mauern. Sie sind Neinsager, treten hinaus zu atmen und zu wissen. Sie gehen in den Hunger, und wenn sie stark sind vor Hunger, kehren sie heim in ihr Land, es zum Sehen zu zwingen. Das sind die wahrhaft Großen. Ich habe gelebt wie die Großen, bin aber nicht geworden wie sie. Ich habe das Sehen von ihnen gelernt und einen Willen mir angeeignet. Aber ich war ohne Ehrgeiz,

mit Wenigem zufrieden. Ich ging zu den Flugplätzen am Rande der Wüste, Wasser zu erbitten, doch fliegen wollte ich nicht. Ich nahm, was ich brauchte, mehr nicht. Und immer war ich auf der Flucht vor dem Schoß meiner Mutter, immer dürstend, immer suchend.

Kolumbus, den berühmtesten der Suchenden, besangen wir in den Hafenkneipen auf den Brüsten der genuesischen Madonnen:

Kolumbus bestieg die Niña
Und fuhr mit ihr übers Meer
Doch kam er nie bis China
Denn Kuba schwamm daher

Betäubt ließen wir uns in den Spelunken Genuas verzaubern. Nur Kolumbus, der listige Geschäftsmann, entkam über das Meer. Odysseus aber ging, geblendet, gealtert, den falschen Weg. Das habe ich ihm nie verziehen.

13 Ich bin eine schlechte Kopie der Großen, in mir leben Jahrtausende germanischer Dekadenz. Um mich an meiner Heimat zu rächen, habe ich mich mit Lügnern und Falschmünzern, Kameltreibern und Giftmischern, Räubern und Landstreichern verbündet. Wir sind Aussätzige, Zersetzer der Ordnung, Verächter des Reichtums. Wir arbeiten nicht und leben dennoch.

14 Krebse, Skorpione, Steine, Kakteen, Rosen aus Sand und das Salz in meiner Haut. Meine Augen brennen nach schlaflosen Nächten.

Seit Tagen liege ich auf dem Damm zwischen Strand und Sumpf. Allein, so weit der Blick reicht. Seit Tagen ohne Essen, seit gestern auch ohne Wasser. Bald werde ich aufbrechen müssen. Meine Reise soll hier nicht zu Ende sein.

Ich erinnere mich einer alten Legende. Sie berichtet von der Lebenslinie: Meer – Sand – Moor. Einst kamen drei Marien aus der Ferne über das Meer. Mit sich führten sie Sarah, Gefährtin der Ungewaschenen. Sie bauten eine Kirche in den Sumpf und ließen sich als die heiligen Marien des Meeres, die Salztrinkerinnen, verehren. Später wuchs um die Kirche herum ein berühmtes Seebad. In den Bauch der Kirche aber stoßen noch heute die Schilfdünste, aus denen in der Abenddämmerung die blutgierigen Moskitos zum Tanz aufsteigen.

Dort traf ich Claudia
Aus dem Salz des Meeres kam sie
Die Barfüßige die mit den Lebenden schlief
Die wanderte wie ich

Sand in den Haaren
Und den Duft der Erde auf ihren Brüsten

Wir ließen uns treiben. Manchmal griffen wir zu und versuchten, das Formlose zu formen. Aus der Erinnerung kehrt das Wort gleich einem sehnsuchtsvollen Traum zurück: *moment parfait.* In der Mittagshitze empfing ihr der Erde entwachsener Körper, den Atem von Schilf und Staub verströmend, den meinen. Verschwitzt und erschöpft lösten wir uns schließlich voneinander, lagen träumend da und schliefen ein. Abends saßen wir dann auf den Dächern verfallener Kirchen in ausgestorbenen Dörfern, tranken vom roten Wein und gossen den Rest in die Augen der sinkenden Sonne. Unter dem Mond krochen wir zwischen Feigenstauden und Dornen in unsere Höhlen und schliefen inmitten der roten Skorpione. Der Staub deckte über uns eine Decke aus Samt. So feierten wir die Nacht. Wir lebten wie die Tiere, verlernten das Sprechen. Für den Augenblick genügte uns das.

Am Morgen liefen wir aus den Felsen hinaus in die Ebenen zu den fernen Dörfern. Wir badeten in den Kanälen unter den Zypressen. Mit nackten, erdfarbenen Körpern standen wir in der Strömung und feierten das Leben. Fremde Gewohnheiten kehrten zurück, seit langem vergessen und doch nicht tot in uns, jene alte Kunst, zu lange versäumt, das Fest der Bejahung.

Wir aßen, was sich uns darbot. Und da wir kein Geld mehr hatten und niemand uns etwas gab, nahmen wir von den Feldern, wenn wir hungerten, und tranken aus den Brunnen, wenn uns dürstete. Das Bitten hatten wir längst verlernt.

15 Eines Tages verließ mich Claudia. Wie selbstverständlich, ohne eine Träne des Abschieds. Der Sommer hatte begonnen, träge und moskitotrunken unter den Platanen zu Ende zu gehen. Wir spürten den ersten Regen nach den Monaten der Dürre über den Bergen sich sammeln.

Streit brach aus zwischen den Menschen. Auch zwischen Claudia und mir. Nachts drängte sich etwas Fremdes zwischen uns. Schlaffheit breitete sich in den Körpern aus. In den Träumen wucherten die Wanzen in den Herbergen zu gierigen Reptilien, die die Schlafenden verschlangen.

Viele genossen dennoch die Zeit. Ihre Stimmen klangen zuversichtlich: endlich sei die Zeit der Härte vorbei. Als die Schuppentiere zubissen – immer schnappten sie nach den Köpfen – verfielen die Körper einer lähmenden Schwäche. Es war, als hätten sie nie vom Leben gekostet. Die Schritte der Barfüßigen entfernten sich. In ihre Gesichter trat ein Anflug von Trauer. Auf den Straßen sahen sie schlammgrüne Käfer heranrücken.

Da griffen sie noch einmal zu ihren Waffen, Verachtung und Spott, und stellten sich den hungrigen Räubern.

16 Heute – ich sitze vor meinen Karten und zeichne die Straßen der Zukunft – weiß ich, wie groß unsere Chance damals war. Doch meine Träume haben mich in jenen Tagen nur allzu leicht getäuscht. Auch in ihnen war schon der Feind, der mit dem Regen kam und die Dürstenden zu ertränken versuchte. Aber ich habe mich aus seinen Händen befreit: ich war nicht bereit, meine ausgedörrten Füße im Regen erweichen zu lassen und ängstlich dem ersten Schnee entgegen zu gehen. Ich sagte nein.

Ich bin auf den Straßen der Regenländer dahingetanzt. Die Hunde in den Dörfern waren hinter mir her und die Polizisten in den Städten, und die Menschen zeigten mit Fingern auf mich. Wer anders ist, den verachten sie. Sie ließen mich nirgendwo zur Ruhe kommen. Die Bauern warfen mich aus den warmen Ställen, wo ich um Milch bat, und ihre Frauen hetzten die Kinder auf mich:

> Fremder Mann, böser Mann,
> Kindchen läuft, so schnell es kann.

Ich floh in den Wald und schlief unter Bäumen im Moos. In den ersten Tagen fiel noch Regen, doch als ich die Berge erreichte, schwebte der erste Schnee auf mich herab. Ich versuchte, ein Feuer anzuzünden, um mich in der Nacht zu wärmen, als die Käfer kamen, schwerfällige Heerscharen, um sich ihre Infanterie: zahllose stahlblaue Ameisen. Dumpf rückten sie in ihre Stellungen vor. Die Augen der Ameisen funkelten aus den Tiefen und brachen das Licht. Geschosse aus Kristallsplittern trafen meine fiebernden Schläfen. Phosphorgrün rollten die Panzer die Straßen entlang. Ich trat mit meinen Füßen in die Armee, und da durchfuhr mich ein Feuer; ich fühlte die Bisse der Angreifer und versuchte, sie abzuschütteln. Vergebens. Schon krochen sie an mir hoch, ihr gieriger Atem trieb über meine Lippen.

Da aber begann das Unbegreifliche: sie zerstörten sich selbst. Ich stand zwischen den Fronten, verwirrt. Der Wald begann zu strahlen, frostig, polar. Langsam ging ich weiter. Unbehelligt.

17 Eine innere Schwäche zeichnet jetzt auch mein Gesicht. Sie werden mich eines Tages doch noch erwischen. Hoffen sie zumindest. Die Fahndung läuft bereits. Heimkehrer, sie werden dich mit wohlklingenden Worten bewerfen, an die sie selbst nicht glauben. Sie werden dich mästen, bis du bereit bist, dich aufzugeben. Und über dein Grab werden sie tausend Lügen aus tausend Zeitungen decken, und an ihren Tränen wirst du noch im Tod ersticken.

Das Ende ist etwas außergewöhnlich Langwieriges. Man sperrt ihn ein, den Verurteilten, füttert und beschenkt ihn und bittet ihn um Verständnis. Je größer der Haß des Opfers, desto stärker die Liebe seiner Verfolger. An ihrer Liebe wirst du zugrunde gehen.

Ich bin unschuldig. Gewiß, ich habe gestohlen, Waffen besessen, gelogen, mit den Aussätzigen aus einem Becher getrunken. Aber deswegen kann man mich doch nicht verurteilen? Was für ein lächerlicher Justizirrtum.

Wenn ich noch einmal die Straßen erreiche, werde ich sie zu Ende gehen. In die andere Richtung, dorthin, wo meine Verfolger mir nicht mehr folgen: in die Wüsten aus Feuer.

18 Fiebernde Spinnen entsteigen den Mooren der Heimat, stöhnend unter der Last der Netze, die sie über das Land ausbreiten. Sie bemächtigen sich der stillgelegten Bahnhöfe, folgen den toten Geleisen und dringen hinein in die Herzen der Städte und verschmieren dort ihren giftigen Schleim. Und dann trifft sie der Gruß der Stadt. Kanaldeckel stoßen auf und entlassen blaufaulenden Dunst in das Labyrinth der Straßen. Wie benommen tummelt sich darin das Heer der Spinnen, erklimmt die Häuserwände, kriecht durch die Fenster und steigt in Kamine herab, um über die Schläfer herzufallen, daß diese den Tag verfluchen.

Ich habe in den frühen Morgenstunden mit den Menschen gesprochen, die zwischen den Spinnen dahertorkelten: den Straßenkehrern, den gähnenden Nachtwächtern und den Betrunkenen. Ich hörte aus ihren einfachen Worten noch die einfachen Lösungen.

Wenn man sich von den falschen Geliebten befreit hat, ist endlich die Zeit gekommen, den Weg zu suchen.

Inmitten der anderen erscheine ich gleichgültig. Allein mit mir, bin ich der Ungeduldige. Einst, bevor ich aufbrach, versuchte ich, meinen heißen Kopf in den Quellen der Heimat zu kühlen. Vergebens. Das Feuer in mir brannte weiter. So suchte ich die Straßen zu den glühenden Steinen.

Wenn wir heimkehren aus der Ferne, sind wir für das Leben an den kalten Quellen verdorben. Wir können nicht mehr leben ohne das, was uns da draußen begegnete. In uns die Kraft der Ruhelosen.

Hier bauen sie Kathedralen aus Eis. Herz kauft man tiefgefroren. Wenn es aufgetaut ist, stinkt es nach Verwesung. In den Wüsten unter dem Feuerhimmel rief der Dürstende nie vergebens. Der Reiche besaß nichts, und der Arme verschenkte das Wasser.

Ich habe ein geübtes Ohr und scharfe Augen und ein mißtrauisches Herz, die das Verdorbene sofort spüren. Trägheit erstickt mich. In den Eisdomen meiner Heimat ist kein Leben mehr. Die Wächter der Ordnung beschatten mich auf Schritt und Tritt. Sie wollen mich einsargen in den Käfig ihrer Liebe:

„Wie glücklich wir sind, dich wieder bei uns zu haben."

Aber ich bin nicht glücklich.

Ich sinne auf Rache.

5

Entdeckung des Klassen-bewußtseins

Aufbruchstimmung. Ungeduld. Der Monolith zeigt Sprünge und Risse. Aber so bruchlos ging's ja nun auch wieder nicht, versetze ich mir sogleich einen Dämpfer. Ich darf die Angst nicht vergessen, die uns im Nacken saß. Wenn ich nur lese, was ich damals in mein kleines, grünes Heft notierte:

„Ein Westberliner Antiquitätengeschäft bietet gebrauchte Judensterne ... für 2,50 Mark das Stück an." (*Spiegel*, 17.10.62)

„... das Fleisch und Blut der Kommunisten zerstampfen, um es als Mörtel beim Wiederaufbau der Kirchen zu verwenden." (Franco-General Queipo de Llano)

„Ich habe oft gesehen, daß die Leute, die ihre Hände in Unschuld waschen, dies in blutigen Schüsseln tun." (Brecht)

„Legionäre, ihr seid Soldaten, um zu sterben, und ich werde euch hinführen, wo gestorben wird." (Général de Negrier)

Man kann alles mit Bajonetten tun, nur nicht darauf sitzen.

22. Okt. 1962. Präsident Kennedy verhängt Seeblockade über Cuba! Ein Volk soll ausgehungert werden, um erneut dem amerikanischen Imperialismus in die Hände zu fallen. Cuba si – Yankee no!

Dem Polizeistaat entgegen. Vier Spiegel-Redakteure unter dem Verdacht landesverräterischer Beziehungen verhaftet. Ossietzky 1932 – Augstein 1962. Wir wissen, woran wir sind.

2. Nov. 1962. Protestmarsch gegen den Polizeistaat zum Königsplatz.

12. Nov. 1962. Unterschriftensammlung: Strauß muß weg.

„Dann sagt man, damit man den Schrecken vergißt,
Mitten im Krieg einfach: daß Frieden ist.
Und es brüllen ja auch keine Kanonen
Wo Menschen in nassen Häusern wohnen.
Man schießt nicht hin mit Geschützen
Wo Menschen vor leeren Tellern sitzen." (Brecht)

GLOTZT NICHT SO ROMANTISCH

Und dann das berühmte Marx-Zitat, aus dem wir Intellektuellen unsere Avantgarderolle herleiteten:

„Die Waffe der Kritik kann allerdings die Kritik der Waffen nicht ersetzen, die materielle Gewalt muß gestürzt werden durch materielle Gewalt, allein auch die Theorie wird zur materiellen Gewalt, sobald sie die Massen ergreift..." (Marx)

Wer anders als wir, die Intellektuellen, konnte berufen sein, die Theorie an die Massen zu bringen, die – aufgeklärt durch uns – die verschüttete revolutionäre Tradition würden wieder aufleben lassen. Ja, das war unser Traum: ein Schlußstrich unter die Vergangenheit – auch die eigene kleinbürgerliche, die endgültige Abrechnung mit der Generation der Eltern, der Aufbruch aus den Ruinen, der erst jetzt wirklich begann, nachdem der Aufbruch der Väter und Mütter in Sahnetorte und Pils, Glotze und Nierentisch, Eigenheim und eigenem Wagen versackt war.

Vor diesem Hintergrund beginnt meine Annäherung an den studentischen Bürgerschreck, den erst vor kurzem aus der SPD gefeuerten Sozialistischen Deutschen Studentenbund (SDS). Von Haus aus habe ich mitbekommen, daß man besser die Finger von der Politik läßt. Und was sich da in München als SDS präsentiert, erleichtert es mir nicht gerade, diese Barriere zu überwinden. Schon mein erster Annäherungsversuch 1960 – ich durfte in jenem Jahr erstmals wählen und wählte die DFU – war kläglich gescheitert: eine eingepanzerte Gemeinschaft stellte sich mir entgegen, sprach zudem in einer Politsprache, die ich nicht verstand und die mich ausschloß.

Auch mein zweiter Anlauf ließ sich nicht besser an, doch hatte ich dieses Mal das Glück, einige zu treffen, denen es wie mir ging; die sich nicht zurückweisen lassen wollten von denen, die meinten, alles im Griff haben zu müssen, alles dirigieren zu können. Der Kern der anti-autoritären Revolte im SDS war geboren. Unbekümmert drangen wir ein in bis dahin hermetisch abgeriegeltes Terrain sich selbst verleugnenden akademischen KPD-Nachwuchses, verklemmter linker SPD-Kader und wohl auch so mancher Jung-Verfassungsschützer.

Über all das habe ich damals nichts außer einigen dürren Anmerkungen wie dieser geschrieben: „31. Jan. 1963. TH-Mensa. Referat D. Sterzel, Bundesvorsitzender SDS: Demokratie oder Notstand. 15 müd-pessimistische Linke."

Auch wenn wir Jungen offener als die alte KPD-Studentenriege auftraten, die Furcht vor Verfolgung steckte auch in uns. Da wurde nichts aufgeschrieben, was bei einer Hausdurchsuchung belasten konnte. Was wichtig war, hatte man im Kopf. Ein gesellschaftliches Klima herrschte, wie es auch die „Wende" der achtziger Jahre nicht wiederhergestellt hat. Daran ändert auch das Gejammere all der Krisenpropheten nichts, die heute schreien, wie schlimm doch alles sei, und die dann morgen feststellen, daß es uns gestern eigentlich doch gar nicht so schlecht ging.

Doch zurück in jenes Jahr 1963. Die ersten Schritte zum SDS brachten keineswegs die ersehnte Klarheit und Sicherheit in mein Leben. Ich suchte weiter auf vielen Wegen: las, was mir unter die Finger kam – von Marx und Lenin über Majakowski und Brecht bis Joyce, Jarry, Poe und Pound, Proust und Rilke und wer es sonst noch war; rannte noch immer in jedes Theaterstück und hing die Nächte in ver-

rauchten Bierkneipen im Lehel oder in Schwabing rum; probierte es mal mit dieser, mal mit jener Frau und kam weder mit mir noch mit ihr zurecht und suchte immer aufs Neue, was nicht war und doch sein sollte.

Und ich war weiterhin unterwegs auf den Straßen Europas. Im Frühjahr trieb ich mich – auf dem Weg nach Süden – wieder in Paris herum. Erneut machte ich einen Bogen um C. Damals begann ich – unter dem Einfluß Brechts und bestrebt, meinem neuen Klassenbewußtsein Ausdruck zu geben – andere Gedichte als noch ein Jahr zuvor zu schreiben.

Über das Schreiben von Gedichten

Wenn du
ein Gedicht schreibst, so
sei es allen verständlich. Und
nicht nur dein eigenes Unglück beschreibe,
sondern das Unglück der anderen,
die einen Ausweg suchen
und nicht finden.

Hörst du aber nur einen einzelnen sagen:
„Ich verstehe!"
dann zweifle und antworte:
„Nicht nur für dich schrieb ich,
sondern für die,
die noch nicht verstehen."

Beschreibe aber nicht nur das Unglück der Menschen,
sondern bekämpfe es auch.
Und warne vor falschem Stolz:
vor uns liegt mehr
als hinter uns.

Wenn du schreibst,
suche die Formen,
die dir und anderen helfen.
Lehre zu begreifen,
daß das Leben nicht nur Leiden ist,
sondern daß es des Menschen Aufgabe ist,
für sein Glück zu kämpfen.

Wenn du aber Hunger hast

Wenn du aber Hunger hast
Und du bittest den Menschen,
Er möge dir zu essen geben
Und er sagt: Nein!
Und du möchtest zu Gott beten,
Dann bedenke,
Der Mensch verhungert den Menschen
Und nicht Gott.

Deshalb höre nicht auf
Zu zeigen:
Des Menschen Schicksal ist nicht,
Daß er hungert,
Denn er kann es ändern,
Wenn der Mensch den Menschen ändert.

Vom großen Verlangen

Die Armen sind schmutzig,
Sie sind glücklich im Dreck,
Sagen die Reichen.
Aber wir sind vierzehn Esser,
Sagt die Familie. Unsere
Hütte ist aus Holz und Blech,
Und wenn es regnet, finden wir
Keinen Boden mehr unter den Füßen.
Der Schlamm steht weich und tief,
Und wir haben keine Stiefel,
dem Elend zu entsteigen.

Manchmal reißt man die Hütten der Armen nieder,
Um eine Straße zu bauen
Für die Reichen.
Die Beraubten aber errichten
Ihre Hütten jenseits der Straße aufs Neue
Ohne Hoffnung,
Und auf ihre Türen schreiben sie:
„VILLA MON RÊVE."

Die neuen Häuser

Jetzt leben wir in den grauen Häusern
Mit den tausend Fenstern.
Über dem Balkon
Weint gleichgültig ein warmer Regentag.
Wir gehen zu unseren Männern
Und bitten um Geld.
Aber ihre Hände sind leer,
Die Schulden erdrückend,
Und die Mieten hoch.

Die Herren der Häuser bauten schlecht
Und verdienen dennoch gut.
Wir aber zahlen für ihre Schlechtigkeit.
Und schon bald
Mag wieder zerfallen,
Was wir ersehnten,
Als wir noch in den Hütten träumten
Vom neuen Leben.

Was wir zu besitzen hofften,
Besitzen wir nicht.
Wir sind an die Reichen verschuldet
In unseren neuen Häusern,
Die wir verlassen möchten
Und doch nicht können.

Père Lachaise

Du bist noch jung,
Aber das ist nur Zufall.
Mancher, der vor dir gelebt,
Ruht bereits hier.
Das ist alles nur Zufall.
Du liest Namen auf Stein,
Soldaten, denen das Vaterland ewiges Gedenken versprach
Und die es so schnell vergaß
Wie der Frühling den Winter.

Aber auch der Fremde,
Der die tote Geliebte so lange beweinte,
Liegt bereits unter seinem Stein.
Und kein Gedanke tastet sich mehr zu einem Mund,
Der von der Liebe weiß, die so schnell verging.
Das war alles nur Zufall.

Manchmal der Name eines Dichters,
Den man in den Schulen euch lehrte.
Ein Name ohne Gesicht
Und vielleicht einige seiner Worte in euch,
Ein vergessener Vers
Getrennt von seinem vergangenen Leib.
Er schweigt,
Es ist alles nur Zufall.

Und vielleicht wird es bald mit den Toten dieser Tage so sein.
Die vom achten Februar wird keiner mehr nennen,
Und Fremde werden stehen vor den Gräbern
Und fragen, was da war.
Und Ravensbrück, Buchenwald, Mauthausen, Drancy?
Zahlen krümmen sich in Stein
Über einem verdorrten Leib,
Aufbrüllendes Abbild der Sterbenden.

Welche Sprache werden Namen und Zahlen unserer Tage
In denen sprachen,
Die nach uns kommen?

6

Der afrikanische Traum

29.Juli 1963

Zwischen Ascholding und Bernau erzählt man nicht vom afrikanischen Traum.

31.Juli 1963

Skopje. Flugzeuge desinfizieren die Stadt. Am ehemaligen Hotel Makedonia steigt aus den Trümmern der süßliche Geruch verwesender Leichen. Ich hänge mich an das Österreichische Rote Kreuz. Nachts einige Erdstöße. Es ist beunruhigend, unter freiem Himmel zu schlafen. Niemand wohnt mehr in den Häusern. Der Wind greift nach Gardinenfetzen in geborstenen Fenstern. Minen und Bagger zerstören, was noch geblieben ist. Die Häuser tragen ihre Todeszeichen: ein roter Balken, zwei gelbe. Die Menschen laufen mit Mullbinden vor den Gesichtern umher. Oder mit Gasmasken. Es geschah am 26.Juli. Die Bahnhofsuhr ist auf 5.14 Uhr stehengeblieben, als die Erde zu beben begann. Aus den Trümmern steigt der Geruch verwesenden Fleisches. Die Bagger fressen sich vorwärts. Ich bin gesichtslos wie die anderen – trage eine Maske gegen den Tod.

1.August 1963

Heute haben sie in Skopje einen Hund gerettet; er lebte, und er fraß und trank. Sie fanden das Testament eines Italieners, in dem er seiner schwangeren Geliebten sein Eigentum vermachte. Sie starben, bevor er seine Unterschrift unter das Testament setzen konnte.

2.August 1963

Gevgelja, 180 Kilometer südlich von Skopje. Die Menschen hier leben, als sei nichts geschehen, alles schon wieder vergessen.

4.August 1963

Ein deutscher Oberlehrer belehrt mich in Delphi, hier stehe die Wiege unserer Kultur, und sein Gesicht ist verzückt. Ich sehe weder die Wiege, noch erscheint er mir als Mensch, der allzuviel begreift. Der Omphalos liegt anderswo: unter dem Berg mit dem Gesicht zum Meer, dem fetten Olymp. Andere vermuten ihn im Museum. Welch weitverbreiteter Irrtum unter deutschen Oberlehrern, die Hochmut züchten und augenlos das Land mit dem Bädeker bewundern. Und bei den Thermopylen in Entzükken ausbrechen, weil sie sich eines Zitates erinnern.

9.August 1963

Ich stehe mit meinem Bruder, den ich zufällig in Athen getroffen hatte, an einem Polizeiposten an der Straße nach Kairo. Heiß und verschlafen die

Wüste. Meereswüsten – Wüstenmeere. Grausame, hungrige Geschwister. Man muß sich dem Schmerz stellen: Salz, Durst und Sonne. Und diese Trugbilder, die in den Sand einschweben. Es gibt nur zwei Farben: den Himmel und den Sand, und dazwischen einen winzigen, durstenden Pol: ich. Der Vorsitzende des ägyptischen Boxerverbandes, ein Offizier mit Leibwächter, sammelt uns schließlich auf und lädt uns zum Mittagessen ins Wüsten-Resthouse ein – Eiswelt. Cairo m'emmerde, me tue, j'en suis ravi.

Kairo, 10. August 1963

Kein Visum für Kenia, Tanganjika, Uganda, Äthiopien; kein Transitvisum durch den Südsudan. Doch ich will nicht umdrehen. Aber was erreicht ein: Ich will. Sie lächeln und halten die Hand auf. Aber ich bin kein Millionär. Ich kann auch nicht Monate warten. Wie absurd das ist. Der Mensch beginnt erst mit dem Dollar. Ich kann niemanden bestechen, ich stinke. NIEDER MIT DEN BOTSCHAFTEN ALLER LÄNDER, ZERSTÖRT ALLE GRENZEN, ALLE VISA, ALLE VERBOTE.

Auf meinen Lippen eine Zeile aus meinem Lieblingslied von Apollinaire: LA JOIE VENAIT TOUJOURS APRÈS LA PEINE.

Kairo, 12. August 1963

Wenn du aber einen Paß besitzt, und du glaubst, frei zu sein, um zu reisen, wohin du willst, so sei jetzt ein Belehrter. Niemand will dich, du bist arm, deine Kleider stinken. Du bist mindere Rasse. Weiß – und schwarz – verachten dich. No money, Mister? No money? Du bist nicht frei, du bist wertlos, überflüssig. Darum will ich die Gesellschaft der Wertlosen, den Sozialismus, in der jeder seinen Wert hat und also frei ist zu leben.

Kairo, 15. August 1963

Ägyptisches Museum: Die entwürdigendste Ruhestätte, die das Land je seinen Herrschern bot, von Europäern ersonnen und erbaut. Der Wüste geraubt und in muffige Glaskästen gesperrt, verstaubt dort die Geschichte. Krematorium der Kunst. Geistiger Selbstmord eines Volkes, das seine Vergangenheit noch nicht wieder begreift: in all ihrer pharaonischen Widersprüchlichkeit.

Kairo, 16. August 1963

Der Darm ist das meistbeachtete Organ des Mitteleuropäers südlich der Alpen. Heute hat sich meiner wieder beruhigt. Das war gestern wohl zuviel Eis aus Nilwasser.

17. August 1963

Assuan – gerade fertiggestellte und doch schon zerfallende Hochhäuser. Kein Baum, der Schatten wirft. Inmitten der Wüste aus schwarzem Stein wächst der riesige Damm. Kyrillische Buchstaben auf verrottenden Maschinenteilen. Mit dem Bus zum Nil, dem trägen Schlammstrom. Wir trinken schlecht gefiltertes Flußwasser. Ein Volk lebt vom gefilterten Schmutz – wenn überhaupt. Shellal, ein Name unter einer Sonne, die das Blut zum Kochen bringt. Wir besteigen das Schiff. Als die Sonne bereits unter dem Horizont verschwunden ist, bläst noch ein brennender Wind über uns hinweg. Irgendwo läuft das Schiff auf Grund.

18. August 1963

Ich werde mich in einer Person verstecken. Sie wird Adam Fin heißen, vielleicht auch Adamóvfin oder Adam Hay Fin.* Der sich dahinter verbirgt, ist Wanderer, kosmopolitisch und heimatlos. Er fährt den Strom bis zur Quelle: Gefangener, Bewachter. Dort wird er freigesprochen. Er geht über die Berge, schläft im Schnee und findet schließlich das Meer. Dort endet sein Leben, denn er wußte zuviel, er wußte um sich. Seine Geschichte werde ich schreiben. Er bewegt sich in einer Fantasiewelt: das Bekannte ist verfremdet, das Fremde wird zur Heimat. Seine Welt ist die Welt, die auch ich durchstreife. Sein Herz wacht in seinem Kopf. Wissen ist Macht, das Denken öffnet den Weg, das Ziel ist der Motor der Bewegung. Er geht an seine Grenzen und bezahlt dafür mit dem Leben.

20. August 1963

Nubische Wüste. Station No. 6. Die Schienen sprechen: 1887. Die Lokomotive wurde um die Jahrhundertwende gebaut. Meist fahren wir im Schrittempo – der Staub pudert uns dennoch ein. Vor Atbara besteigt ein religiöser Chief den Zug. Hunderte von Anhängern des Großen beweinen, betanzen und betrommeln den Kranken auf dem Weg ins Hospital. Bei jedem Halt wiederholt sich die Zeremonie. Hinter Atbara, mitten in der Nacht, bricht die Achse unter dem Wagen des Chief. Der Zug steht in der Wüste. Nach stundenlangem Warten schafft man uns zu einem Bahnhof. Dort scheint die Reise endgültig zu Ende: der Zug aus der Gegenrichtung ist entgleist, liegt irgendwo im Sand.

Im Laufe des Tages fahren wir dann doch noch weiter – noch langsamer

---

* Diese Figur habe ich – wenn auch verändert – in einem Roman Gestalt werden lassen, der allerdings erst viele Jahre später veröffentlicht wurde: *Den letzten Calypso tanzen die Toten. Eine tropische Revolutions-Romanze,* Frankfurt 1982; Neuausgabe: Brandes & Apsel, Frankfurt 1987.

als zuvor: Regen ist gefallen, hat das Land überschwemmt und die Bahngleise, die unbefestigt auf dem Sand liegen, unterspült. Die Wüste geht allmählich zu Ende: Dornenbüsche, krüppelige Bäume, erstes nach dem Regen sprießendes Gras. Hin und wieder Nomaden mit ihren Herden.

24. August 1963

Schon am frühen Morgen läuft der Körper in der feuchten Hitze aus. Station Warten. Warten auf irgendwelche Papiere und Stempel. Khartoum macht grenzenlos müde. Manchmal sehne ich mich nach Europa – dem mediterranen Europa. Nicht nach Deutschland. Das bleibt die alte Sau, die ihre Jungen frißt. Wie fremd Afrika doch ist. Dieses Eintauchen in die Lehmhauswelt von Omdourman auf der anderen Seite des Nil: Was habe ich da zu suchen? Khartoum ist weniger fremd, stellt weniger diese Frage – Khartoum ist die koloniale Metropole, Omdourman – das ist Afrika.

Ich schreibe eine Bestandsaufnahme, wie sie für mich, der ich immer unterwegs zum Ziel bin, recht ungewöhnlich ist:

„Eine Ameise verlor die Richtung. Sie sprach oft vom Ziel, doch je häufiger sie davon sprach, desto unklarer wurde es. Schließlich begann sie zu schweigen. Sie wurde davon nicht wissender, sondern begann zu vergessen. Sie spürte, wie sie sich anpaßte. Sie dämmerte wie die anderen vor sich hin, war mit einem Bissen zufrieden, wenn sie nach einer ganzen Mahlzeit hungerte. Wenn sie etwas erreichte, löste das keine Zufriedenheit in ihr mehr aus. Sie war bescheiden geworden, die Unruhe erstickt, das Erwachen zu einem Traum geronnen. Auch über die Ursachen dachte sie nicht mehr nach. Sie nahm alles hin, wie es war. Sie lebte wie die anderen – nichts, das über sie noch zu berichten wäre."

28. August – 6. September 1963

Die Zeit des Wartens ist zu Ende. Ich bin wieder mit mir im Klaren. Ich habe die Zweifel weggeschoben. In Kosti steige ich mit Hunderten von Menschen vom Zug auf den Schaufelraddampfer um, der uns bis Juba fahren wird. Mein Bruder, der bis Khartoum dabei war, ist umgekehrt, weil er die nächsten Wochen auf etwas bequemere Weise in mediterranen Gegenden verbringen möchte. Ich fahre aber auch gerne allein – am besten komme ich mit mir selbst zurecht.

Der Bahr el Djebl, der schlangengleich durch die riesigen Sümpfe nach Norden sich windet, führt klares Wasser; den Schlamm bringt sein Bruder, der Blaue Nil, aus den Bergen Äthiopiens. Träge schiebt sich das Schiff gegen den Strom. Sechs flache Kähne sind mit Tauen neben- und hintereinander gebunden. Papyrusinseln treiben uns gemächlich entgegen. Anfangs ist der Nil noch sehr breit. An den Ufern wächst Gras. Manchmal kommen wir an kleinen Dörfern vorbei, über den grasbedeckten Hütten hohe Palmen. Allmählich wird der Fluß enger. Papyruswälder verdecken den Blick in die Ferne, im Dunkel des Papyrus erspähen die Augen manchmal ein Krokodil.

Ich rationiere mein Essen: eine Zitrone pro Tag, eine Dose Ölsardinen. Das Brot werfe ich am zweiten Tag weg: von innen heraus in der feuchten Hitze gelbgrün verschimmelt. Die Menschen scheinen meinen Hunger zu bemerken und laden mich ein. Ich steige auf das Essen der Afrikaner um: eine dicke Suppe aus Mehl, Zwiebeln, Salz und Wasser. Kein Gemüse, kein Obst. In den Dörfern am Strom, in denen das Schiff hält, gibt es nichts zu kaufen. Hungrig versuchen die Menschen, das Schiff zu stürmen, werden aber von Polizei und Mannschaft zurückgeprügelt.

Ich bin in einem riesigen stickigen Schlafsaal der einzige Weiße unter Hunderten von Afrikanern. Die Fenster sind mit Tüchern gegen Moskitos verhängt. Um die Betten baumelt Fleisch in langen Lappen zum Trocknen und dünstet doch nur faulig-stinkend vor sich hin. Badén kulla kulla kweiss! Alles in Ordnung! Auf dem Boden und in den Betten liegen Männer, trinken Tee und spielen irgendwelche Spiele. Kinder rennen nackt und kreischend herum, pissen in die Ecken und ärgern die Schafe und Ziegen,

die an die Bettpfosten gebunden sind, in ihrer Scheiße herumtrampeln und vergeblich versuchen, die Fliegen, die ewig Lästigen, loszuwerden.

Betäubt von dem, was um mich herum passiert, beginne ich die Geschichte dieses Adam Hay Finn zu schreiben – meine Geschichte. Die Fahrt ist wie ein Film, der mich nicht einmal im Schlaf zur Ruhe kommen läßt: Traumbilder meiner Kindheit werden Wirklichkeit - ich bin dort, wo sonst nur die Helden meiner Lieblingsbücher, die Forscher, Entdecker und Abenteurer, umherzogen.

Tagelang fahren wir durch dieses Papyrusgefängnis, grüne Mauern links und rechts des Stromes, höher als das Schiff. Der Süden des Landes verbirgt sich hinter einem tiefgrünen Vorhang – auch der Krieg, der hier geführt wird. *(An dieser Stelle folgen im Reisetagebuch einige leere Seiten. Die wollte ich später nachtragen. Unterwegs war es mir zu riskant aufzuschreiben, was ich sah. Später bin ich dann nicht mehr dazu gekommen – oder um genauer zu sein: Vieles findet sich in der Geschichte des Adam Hay Finn wieder.)*

Bahr el Djebl

Ich sah über fremdem Lande
Im senkrechten Schlafe die Sonne
Vernichten die Schwachen.
Von den Menschen
Im reichen Norden vergessen
Und verachtet,
Weil es so fern lag inmitten der Armut.

Fremde Gebräuche sah ich
Und den Einbruch des Neuen.
Vor allem aber Hungernde und
Vom Fieber Zerfressene
Und die in den Sümpfen Verirrten,
Grün wie Phosphorkerzen.

Von Bord trugen sie die Toten:
Namenlose, gehüllt
In den schwarzen Nebel der Blutfliegen.

Das Alte zerfiel,
Und das Neue brachte nur den Fremden Gewinn.
Hier aber fieberte die Zeit, und
Die Diagnose klang hoffnungslos
Bis in das tausendste Jahr.

9. September 1963

England im Herzen Afrikas: Golfplätze und Cricket, grüne Wiesen und Parks für den gehobenen Geschmack – der Weißen natürlich. Nur wer im Wohlstand lebt, lebt angenehm. Empfehlen Sie Masindi in Deutschland! Die Nacht verbringe ich auf dem Trottoir.

10.–13. September 1963

Hinter mir liegt eine Fahrt durch einen tropischen Traum. Das Auge konnte sich nicht sattsehen an der Fülle des Bananendschungels. Dem Durchreisenden zeigt sich Uganda wie ein Paradies. Doch ich versuche, mich zu bremsen: Ich weiß zu genau, daß dieses Paradies für die, die hier leben, oft die Hölle ist.

Kampala – eine wohlhabende Kolonialmetropole. Doch der Exodus der Weißen hat seit der Unabhängigkeit des Landes begonnen. Umso mehr krallt sich der handel- und handwerktreibende indische Mittelstand mangels Alternativen in der Heimat hier fest: als direkter Ausbeuter der Schwarzen. Die Afrikaner aber haben begonnen, ihre Muskeln zu üben. Der Haß auf die Inder ist überall spürbar, anti-britische Ressentiments dagegen kaum. Insbesondere nicht in der Universität von Kampala, wo ich ein Gästezimmer bekomme. Etwas Vergleichbares an universitärem Luxus habe ich noch nicht gesehen. Die Kolonialherren haben sich von ihren Boys Idyllen errichten lassen, von denen sie zu Hause nur träumen.

Anläßlich einer bundesrepublikanischen Reklameshow – German Mobile Exhibition –, die auf dem Weg durch Afrika gerade in Kampala auftritt, abendlicher Empfang im neudeutschen Botschaftspomp. Ich hin in abgelatschten Honkong–Badesandalen – niemand in der Universität hatte meine Schuhgröße, um mir was Besseres zu leihen. Ein ugandischer Minister bettelt gerade um Geld und bevorzugte Märkte – das koloniale Muster wird weitergestrickt. So wie die nehme ich's hier auch. Ich lasse mich mit Beck's Bier, Whisky und Brandy vollaufen und fresse mich so rund, daß ich draußen alles wieder rauskotze. Totaler Blackout. Ich erinnere mich nur an einen fettäugigen, glatzköpfigen CDU-Bundestagsabgeordneten mit schwäbischem Akzent, der dauernd um mich herumschlich. Ach, wie interessant so eine Reise, junger Freund, wie interessant... Sah aus wie seine eigene Karikatur, der Kugelfischkopf. Rattenempfang.

Verweigerung

Verlangt Deutschland eine Befehlsverweigerung?
Und wenn:
Wer wird aufstehen und handeln?

Ich trage einen deutschen Paß.
Der Paß beweist deine Heimat, sagt man.
Mir aber scheint:
Heimat ist dort,
Wo man sprechen darf.
Denn sprechen dürfen, heißt leben können.
Wer aber kann es in Deutschland,
Wenn er denkt?

So spreche ich gegen Deutschland
Aus der Ferne.

15. September 1963

Über der Armut Rwandas thronen die Kathedralen Gottes – häßlich wie ihre Vorbilder, die irgendwo in Belgien herumstehen. Dem lieben Gott ein Dach über den Kopf, dem Volk den Hunger in den Bauch...

Land im Kriegszustand. Killervisagen unter NATO-Stahlhelmen, Bajonette, Nagelbretter über den Straßen, MGs hinter Mauern – die Revolution (welche auch immer das hier sein mag!) wird gefestigt. Straßenkontrollen. Durchsuchungen. Mit den Händen über dem Kopf an die Wand, die Beine breit und die MP im Rücken. Über das Chaos wird das staatliche Versprechen vom Paradies gestülpt: „LIBERTÉ, COOPÉRATION, PROGRÈS." Unterdessen werden die Bajonette geschärft und die Waffen entsichert, mag das Arsenal auch noch so klein sein – noch!

Eine einzige Teerstraße gibt es in Rwanda. Fünfhundert Meter lang, mitten in der Hauptstadt Kigali. Sie führt von der belgischen vorbei an der amerikanischen (oder ist's umgekehrt?) Botschaft zur Place de la Révolution, wo im roten Staub vor nicht langer Zeit die Unabhängigkeit zelebriert wurde.

In den Kongo komme man am besten sonntags; die Grenzen seien dann geschlossen, aber zu Fuß zu umgehen; die Beamten lägen betrunken im Bett. Alltags müsse man bestechen. Mühselig sammelt man sich seine Informationen zusammen. Wer weiß hier schon, was hundert Kilometer weiter los ist! Und wenn: Was heute gilt, kann morgen schon überholt sein.

17. September 1963

Rwanda hat schlimme Straßen, Burundi die schlimmsten, zum Ausgleich aber eine noch schönere Bergwelt. An der Grenze hockt ein Mann ohne Waffen, ohne Uniform, ohne Telefon, des Lesens unkundig. Keine Kontrolle, kein Stempel, kein Visum – nichts.

Usumbara – Hauptstadt am Lake Tanganjika. Man meint, die Luft trinken zu können, bewegt sich, als steige man gerade aus einer Badewanne. Bei einem dicken Menschen – so dick, wie man nur selten einen Afrikaner sieht – erhalte ich mein Visum für den Kongo, wenn auch nur, weil ich aus München komme und der Dicke dort lange gelebt hat, bayrisch spricht und – hemdsärmelig und schwitzend – mit leuchtenden Augen und sehnsüchtiger Stimme vom Hofbräuhaus schwärmt.

18. September 1963

Bukavu, die Stadt am Lake Kivu muß einmal sehr schön gewesen sein – eine Insel kolonialistischer Blüte im Meer schwarzer Unterdrückung. Doch die Pracht ist dahin: die Häuser zerstört, die Läden ausgeplündert und ausgebrannt. In den Straßen patroullieren Soldaten – kriegslüsterne, beutehungrige Desperados. Dazwischen zerlumpte Gestalten, die jeden anbetteln. Inmitten des Kivu-Chaos die UNO: unbeliebt, verhaßt. Die von irgendwo Herangeflogenen seien Syphilisüberträger, lebten wie die Maden im Speck und seien zu nichts nutze. So zumindest die noch verbliebenen Weißen – selbst Maden im vergammelnden kongolesischen Speck. Sechs Boys hält sich einer von ihnen: alle seien faul, dumm, dreist und gierig. Afrika findet offensichtlich zu sich selbst, der Kontinent erhebt sein Haupt. Ob's auf diesem Weg weit führen wird, ist eine andere Frage. Alle Laster Europas scheinen mit der Unabhängigkeit zu schwarzen Tugenden umgebogen, die Afrika dem Europäer entgegenschleudert. In dem häßlichen Gesicht des neuen Afrika erkennt der Weiße – sich selbst. Falls er seine Augen öffnet.

19. September 1963

Im Jeep fahre ich um den Lake Kivu nach Goma an der Nordspitze des Sees. Ein Traum von tropischer Bergwelt. Am Nordufer führt die Straße über ein riesiges schwarzes Lavafeld. Erst vor fünf Jahren brach der Nyiragonga, der Wolkenverhangene, aus und schob seine Lavaströme bis in den See hinein. An den Buchten des Sees belgische Farmen und Villen – die meisten zerstört und verlassen. Dann Goma, die tote Stadt. Mit vorgehaltener MP herrscht hier die Soldateska: nach Belieben werden Autos konfisziert, Menschen erpreßt und ausgeplündert. Die Armee als Räuber im eigenen Land. Wer die Macht hat – und Macht hat, wer die Waffen hat – herrscht hier absolut. Das Kongo-Chaos ist, wenn man genauer hinschaut, die Ersetzung der Zentralmacht durch die Allmacht zahlloser lokaler Despoten in Uniform. Und bei jedem von ihnen kochen irgendwelche ausländischen Cliquen ihr neokoloniales Süppchen.

Kongo

Stein in Rot,
Durch den Kongo weht der Tod.
Erde kämpft braun,
Aus ihrem Leib Hungernde schaun.
Magere Hände
Graben behende.
Aus den Feldern wächst kein Brot,
Schwarzer Leib,
Bald ist er tot.

Versuchsweise Beschreibung von Christen und Heiden im Kongo

Ich befand mich auf der Station C.
Sie schlugen Kreuze und tranken Wein.
„Wir sitzen alle im gleichen Boot", sagte der fromme Mann und klatschte in die Hände: „In Jesu Namen, Boy, mach schneller, oder der Teufel soll dich holen."
„Der Weiße sitzt im Boot und..."
„Und der Schwarze?" unterbrach ich ihn vorlaut.
„Im Vertrauen, junger Freund, die Krokodile fressen bei uns die Aufsässigen."
„Alle Schwarzen sind unsere Kinder", belehrte mich eine Nonne.
Kinder müsse man nun einmal streng erziehen, ergänzte ein frommer Mann aus England.
Und die Schwester kicherte.
„Vor allem schwarze Kinder", bemerkte der Pater aus Belgien.
„Ja, die Schwarzen sind unser Kreuz", stöhnte man allgemein.
„Zivilisation gegen die Affen", sagte Europa, das die Welt raubte für Papst, Bismarck und Victoria – Europa, das sich heute selbst auskotzt.
„Kommunisten machen Hetze", zischte die Schwester, „sagen, schwarzer Mann ist Mensch, darf alle Weißen fressen. Das ist Kommunismus. Huhuhu!"
Und dann schlugen sie Kreuze und tranken Wein.
Der fromme Mann aus Portugal verlangte auch noch Maschinenpistolen.
Für Gottes Reich auf Erden. Und schlug Kreuze.

Mulele Mei!
Kongo, du bist frei!
Schlage die Schlacht
Gegen Gottes Macht
Und den Kapitalverein!

24. September 1963

Ein britischer Farmer gibt mir diesseits der ugandisch/kenianischen Grenze einen Lift in die Teeberge über Nairobi. In einem britischen Pub an der Hauptstraße lädt er mich ein: *chicken* und *whisky*. Um uns brylcreampomadige, sommersprossige britische Soldaten. Dann nimmt er mich auf seine Teefarm in den sattgrünen Bergen vor Nairobi mit: ein Landhaus mit Blick auf die Lichter der Hauptstadt – an klaren Tagen könne man bis zum Mount Kenya und zum Kibo sehen. Den Abend verbringen wir am Kaminfeuer mit Beethoven, Debussy und Whisky. Am anderen Morgen zeigt mir mein Gastgeber seine Plantage. Plötzlich ist meine Kindheitssehnsucht nach einem Leben als Bauer wieder da. An den sanften Hängen wächst Tee, soweit der Blick reicht: sein eigener Besitz, der anderer Farmer; manches gehöre auch den großen Companies. Viele seiner Freunde wollten verkaufen, da der Tag der Unabhängigkeit näherrücke. Er zeigt mir Golfplätze, englische Pubs, Countryhouses, wie sie irgendwo in England stehen könnten.

Wie verwirrend doch diese Szenerie: Europa in Afrika, satt und fett; und dahinter die Angst – die, denen alles gehört, zählen ihre Tage.

26. September 1963

Ich werde von einem Buren mitgenommen und muß mir sein endloses rassistisches Gequatsche anhören. Nur eine Art von Menschen haßt dieser Bleichling noch mehr als die Engländer: die *Nigger*. Denen fehle jede Fähigkeit zu geistiger Tätigkeit, die seien noch Tiere. Südafrika sei ein Traum: da habe jeder – seinen Fähigkeiten entsprechend – seinen Platz: der Weiße oben, der Schwarze unten. Dreitausend Meilen seien es bis dort...

Die Wirklichkeit sieht anders aus. Selbst Weißen, die ihren Platz nicht respektieren wollen, geht es an den Kragen: Weißen ist es verboten, Anhalter zu fahren, im Freien zu schlafen oder in billigen Hotels zu übernachten. Die Herrenrasse achtet darauf, daß ihresgleichen nicht aus der Reihe tanzt. Nieder mit dem Rassismus, gleiche Chancen für die Weißen – auch nach unten. Ich würde dort wohl bald sitzen, aber da ich mich nicht einsperren lassen will, werden die Herren mich auch nicht zu sehen bekommen.

Tsavo Royal National Park. Wir fahren durch Buschland: Zebras, Gazellen, bärtige Gnus; gestern sah ich Strauße und Antilopen. Ich warte auf die ersten Giraffen. Wenn nur dieser Bure endlich schweigen würde... Das dikke Fell, das man zur Autostopperei braucht, kann nie dick genug sein.

In Kibwezi nehmen mich einige Affenfänger mit. Suchen Nachschub für Tierexperimente einer nimmersatten kalifornischen Universität. Doch zunächst begegnen wir Elefanten. Riesenköttel und niedergetrampelte Büsche und Bäume zeichnen die Spur der Dickhäuter, Dann sehen wir die Riesen im Sumpf sich suhlen. An der Quelle, die den Sumpf und das Dorf mit Wasser versorgt, stehen auch die Affenkäfige. Eine riesige Baboonherde rast über die Bäume davon, als wir kommen.

27. September 1963

Staubstraße. Mittag im Tsavo Park. Kein Tier läßt sich in dieser Hitze blikken. Blattlose Büsche und Bäume, unter denen wir uns in die Hitze einwikkeln. Totengelb das ausgedörrte Land. Als Gott zornig war auf seine Kinder, so berichtet der afrikanische Mythos, nahm er den Baobab und drehte ihn um, so daß fortan der grüne Wipfel im Boden steckte und die knorrigen Wurzeln blattlos in den Himmel ragten. Worauf Gottes Kinder zu weinen begannen...

In der Nähe Mombasas ändert sich die Vegetation. Das Land wird grün und saftig. Kokospalmenwälder. Ich fahre durch die Stadt hinauf nach Norden, und dann liegt er da – unendlich blau: der Ozean. Unter Palmen gehe ich hinab zum Strand. Silversand Beach, Mombasa. Draußen das Korallenriff; Einbäume, die sanft im Wind schaukeln; einige Fischer am Ufer; der in der Abenddämmerung wachsende Mond... Ich bin unendlich verliebt in das Leben, aber ich bin nicht glücklich. Jede Einsamkeit sucht irgendwann ihr Ende.

29. September 1963

Dar es Salaam – Hafen des Friedens. Ich tauche ein in die Welt des Islam. Nach Mitternacht komme ich mit einem Pakistani an. Wir übernachten in einer Moschee. Fünf Uhr morgens, noch in der Dunkelheit, beginnt das Gebet: immer wieder die gleiche rhythmische Anrufung Allahs – ein heiseres, gutturales Stöhnen. In Tanga sagte mir jemand: „Islam is the most wonderful thing in the world." Ich glaubte, die schmalzige Stimme meines ungarischen Baptistenpredigers Katzenbach zu hören, durch dessen Zimmer ich Tag für Tag mußte, um meine Studentenbude zu erreichen, allzu oft gestoppt durch die nimmermüden Anstrengungen des Abgesandten des rechten Glaubens, mich doch noch auf den Weg der Erleuchtung zu schicken. Ich kann Menschen dieser Art meist nur schwer antworten, will sie nicht beleidigen, obwohl sie mich beleidigen, da sie mich nicht respektieren, wie ich bin, weil sie meinen, dazu auserkoren zu sein, mich umzukrempeln. Sie – und nur sie – präsentieren, will man ihnen Glauben schenken, den erstrebenswerten Zustand menschlichen Lebens. Dabei sind, wie Mr. Khan mir sagt, die Moslems in Dar es Salaam alles andere, als was sie von sich behaupten. Sie seien, so mein pakistanischer Missionar, unzuverlässig, Betrüger, Diebe. Ich brauche mir nur die Fenster in der Stadt anzusehen – alles mit Eisengittern gesichert.

Am nächsten Abend bin ich mit meinem pakistanischen Mentor in der Hütte eines Derwischs im Stadtzentrum – das alte Arabien direkt neben der modernen Universität. Auch hier wieder diese Bekehrungsversuche – verbunden mit Schauergeschichten über die christliche Kultur: Schweinefleisch sei wie Menschenfleisch, und wenn wir vom Schwein äßen, dann verspeisten wir unseren Bruder; wir Europäer bekämen vom Schweinefleisch schwarze Flecken am Körper und durch unser Rückgrat fräßen sich die Würmer... Dennoch ist mir der Islam immer noch lieber als das Christentum: in den Moscheen kann man sich auf weichen Teppichen ausstrecken, erholen, schlafen und miteinander reden statt wie in Kirchen auf harten Holzbänken mit schmerzendem Rückgrat, Huhn an Huhn auf der Stange aufgereiht, den Sermon zum Sonntag mit unterdrücktem Gähnen über sich ergehen zu lassen. Doch so gemütlich es in den Moscheen auch ist – nach Weihrauch stinkt es auch dort.

30. September 1963

Über kleine Straßen hinauf in die Usambara Berge. Auch der deutsche Kolonialismus hat sich seine Refugien geschaffen und nach den schönsten Teilen des Landes gegriffen. Es sind ihrer viele, die hier leben: germanisch, fromm und reich. Die Kumpanei der Rassisten beschert mir wieder einmal eine Einladung – wie selten ich doch etwas mit Afrikanern zu tun habe. Das Gästebuch meiner Gastgeber in Soni liest sich wie ein Propagandaschmöker aus dem 1. Weltkrieg:

> Deutscher im Ausland schwer ist dein Stand
> wenn Deutsche verraten ihr Vaterland
> Unsere Pflicht ist es nicht nur zu sehen
> sondern im Kampfe euch beizustehen
> Bund Vaterländischer Jugend
> gez. Felix Vierkant

Ich bekomme ein weiches Bett. Um mich herum die Kolonialidylle: Wasserfälle, üppige Wälder, ein Swimming Pool. For Whites Only. In der Ebene der Sisal in Reih und Glied; selbst die Pflanzen scheinen zu wissen, was sie den Germanen schuldig sind.

2. Oktober 1963

Eine Fahrt fast wie ein Abschied von Afrika. Noch einmal die Elefantenherden im Tsavo Park, noch einmal die roten Pisten Kenias. Die Nacht wieder an meinem ozeanischen Schlafplatz – Silversand Beach. Morgen werde ich versuchen, ein Schiff nach Aden oder Djibouti, vielleicht auch nach Indien zu finden, meinen Traum von der Seefahrerei zu verwirklichen.

4. Oktober 1963

Der Traum ist vorerst ausgeträumt: mal an Bord rumschnuppern auf hoher See... Vor mir liegt die Piste nach Addis Abeba. Ich kaufe mir einige Bücher für unterwegs. Die Auswahl ist in Mombasa nicht besonders groß. Die Herren lesen Nutten-Magazine, Reader's Digest und Horror Stories über Nazis und andere Monstren.

6. Oktober 1963

Am Mount Kenya regnete es. Von dort führte die Piste aus der Kühle der Bergwelt hinab in die heißen, trockenen Ebenen Nordkenias. Isiolo, Außenposten des Imperiums am Beginn der Wüste: ein geschlossener Schlagbaum, Besoffene mit glasigen Augen, fette Nuttenärsche, eine harte Pritsche im Criminal Department, britische Offiziere, die bei meiner Ankunft für Sekunden aus ihren Betten aufblicken – bleich und wichtig und unendlich gelangweilt. Wohin kann man von hier noch befördert werden – außer in den Ruhestand?

7. Oktober 1963

Mit einem schwerbewaffneten Konvoi – dem letzten vor der Regenzeit – weiter nach Norden. Um mich herum auf dem Laster dunkle, stolze Wüstenkrieger. Wie plötzlich die Tropen zu Ende sind und die Dürre beginnt. Irgendwann dann dieses Wajir – sonnengebacken in der Halbwüste. Die einzige Wasserstelle weit und breit. Riesige Kamelherden an einem schlammigen Tümpel. Auf dem Boden hocken im Kreis ihre Besitzer: zu allem entschlossene somalische Nomaden. Die Verteidiger des Abendlandes auf staubigem Vorposten schwärmen wenig später unter dem Gesurre der Ventilatoren von ihren Heldentaten bei der Niederschlagung des Somali-Aufstandes anläßlich der vergangenen Wahlen. Kolonialposen der letzten Stunden – bald geht's nach Hause. Schläfrig schüttelt mir der Polizeiboß die Hände. Wer kommt nach ihm? Die Nomaden lassen ihre Herden saufen, ein zeitloser Anblick. Wenn die bleichen Gesichter der Eindringlinge aus dem Norden nicht wären, was für eine absurde Frage...

8. Oktober 1963

Über Wajir ziehen düstere Wolken auf. Die Regenzeit kündigt sich an. Spätestens Mitte des Monats werden die Straßen geschlossen. 1961 war hier alles überschwemmt – ein riesiger See. Niemand kam mehr aus Wajir heraus.

Körniger Sand, die Häuser aus weißgekalktem Lehm, hier und dort Palmen – ich fühle mich an Nordafrika erinnert.

Irgendwann bekomme ich einen Lift nach Moyale. Unterwegs beginnt es zu regnen. Doch die Straße bleibt befahrbar. Dann Moyale – Grenzort, das Ende des britischen Empire; dahinter ein afrikanisches Empire. Ein kahlköpfiger, schnauzbärtiger Kolonialseehund verbannt mich in sein Guesthouse, eine düstere, verfallene, verwanzte und ausgeplünderte Ruine.

9. Oktober 1963

Über einen ausgewaschenen Feldweg ins Kaiserreich – ins äthiopische Moiale: Fliegenschwärme, Kamelmarkt, ein vergammelnder Polizeiposten, einige Lehmhütten, zwei zerstörte italienische Villen. Aus dem Sand kriecht der Gestank von Urin und Scheiße. Ein Prediger, eingehüllt in einen alten italienischen Armeemantel, küßt mir die Hand: Buon Giorno! Der Distriktchef bringt mich in seiner Residenz, einer verfallenen italienischen Villa, unter. Er selbst zieht es vor, in der Wellblechhütte gegenüber zu wohnen. Der Mann ist fett und arrogant, trägt Sonnenbrille und Tropenhelm, ein verschwitztes Hemd und am Gürtel einen Colt. Ich schlafe im ehemaligen Herrschaftszimmer, dem jetzigen Distriktgericht: zerbrochene Fenster, herabhängende Tapeten, Fledermäuse, die da herumschwirren. Bald wird's in den Palästen der Briten auf der anderen Seite des Feldwegs ähnlich sein. Auf den Kolonialismus folgt der Zerfall seiner Paläste. Warum sollte man auch erwarten, daß Afrika diese nutzt – Europa kann auch nichts mit afrikanischen Lehm- und Grashütten anfangen. Draußen werden die Trommeln geschlagen, singen die Tanzenden, heulen Hunde oder Hyänen. Ich habe Hunger. Es war mir nicht gelungen, etwas Eßbares aufzutreiben.

12. Oktober 1963

Auf Pisten, die nicht einmal schlechte Feldwege sind, weiter nach Norden. Vor Erschöpfung muß ich kotzen. Irgendwann Neghelli, der erste größere Ort. Nichts läuft in diesem kaiserlichsten aller Kaiserreiche – außer der Folter. Ich hänge in finsteren, verräucherten Kneipen herum, trinke abgestandenes Regenwasser. Irgendwann sammelt mich ein französischer Tierarzt auf. Ich höre von ihm, daß Jean Cocteau und die Piaf gerade gestorben sind und vor Wochen bereits Georges Braque. Die Großen sterben, und die Mumien leben: Charles le Magnifique und Conny der Vertrocknete.

Blanchot nimmt mich im Landrover in den Busch zu einigen Borana-Dörfern mit. Versucht, die Krankheiten unter den Herden der Halbnomaden einzudämmen – eine Sysiphusarbeit. Andere resignierten schon vor ihm an der äthiopischen Wirklichkeit: „L'empereur n'est qu'un vieux fou, le malheur du pays." Die Menschen dieser Region sind von Verfolgung besonders betroffen: der Kaiser hat ihre Herden rauben, ihre Hütten anstekken und in den Dörfern Geiseln reihenweise abknallen lassen, weil sie noch so barbarischen Bräuchen wie dem Erbeuten von Sexualorganen zur Brautwerbung anhängen. In Wirklichkeit treiben's des Kaisers Truppen wahrscheinlich überall so – unter welchem Vorwand auch immer.

Blanchot lädt mich ein, mit ihm in Richtung Somalia zu fahren. Ich zögere bis zur letzten Minute und entscheide mich dagegen.

Noch heute erinnere ich mich des Schmerzes anläßlich dieser Entscheidung. Stärker wohl als die meisten meiner Generation hatte ich mich aus den Zwängen meiner Erziehung gelöst, und doch war es nicht genug. Ich glaubte, mich rechtzeitig zu Semesterbeginn für ein ungeliebtes Studium einschreiben zu müssen und verzichtete auf jene Fahrt in den Busch, die mich so fasziniert hätte. Und was habe ich durch diese Entscheidung gewonnen? Einige Wochen, von denen mir nichts in Erinnerung geblieben ist. Ich habe damals oft genug vom Leben gekostet, doch nur selten genug davon getrunken. Immer waren da diese inneren Befehle, erhob sich mein Über-Ich gegen meine Sehnsüchte. Ich glaubte, der Heimat in Afrika zu entgehen, und doch hatte sie mich auch dort im Griff. Habe ich mich jemals ganz von ihr befreit?

14. Oktober 1963

Addis Abeba. Ich schlafe in der Villa eines Dr. Blanc in der Nähe der Africa Hall, dem so unafrikanischen Symbol des neuen Afrika. Ein Feldbett im Keller – Schuttabladeplatz für umherstreunende europäische Lumpen. Man wird feinfühlig, weiß schnell, wer's ehrlich mit einem meint, und wem die Gastfreundschaft nur eine lästige Verpflichtung in einem verwilderten Land ist, der er sich nur schwer entziehen kann. Unsereins nutzt seine Chance in jedem Fall – mag sie von Herzen kommen oder nicht; bevor es

unerträglich wird, sind wir ja schon wieder unterwegs. Mühsam quält sich dieser Dr. Blanc zwischen den Spaghetti einige Worte ab, begreift nichts, will nichts wissen. Aber besser bei ihm als auf der Straße.

Des Kaisers Bullen sind hinter mir her. Ich scheine eines dieser berüchtigten roten Tücher für sie zu sein. Niemand ist hier vor ihnen sicher – außer ihrem Boß und seinem Clan und den Herren aus Washington, die ihr Geld reinpumpen: für Haile Selassies Wohlergehen, seine verwilderte Soldateska, Hochhausruinen und Stadtautobahnen, die vor Wellblechbaracken enden. Wo heute noch die Armen im Morast liegen, wird morgen das neue Hilton wachsen. Der Bauzaun mit der freudigen Nachricht steht schon, und irgendwo warten sicher bereits die Bulldozer, die die Menschen hinter dem Zaun mitsamt ihren Hütten einplanieren werden, um Platz für den Fortschritt zu schaffen.

Ich dringe ein in die Welt des Marktes von Addis. Je weiter ich komme, desto größer das Elend. Ich weiß nicht, was mich da hineintreibt. Schließlich sind um mich herum nur noch Lumpenhändler, Verrückte, Aussätzige, Verhungernde. Man bewirft mich mit Steinen, versucht mich auszurauben, zu verprügeln. Die Polizei – hoch zu Roß – genießt das Schauspiel, bevor sie sich schließlich dazu herabläßt einzugreifen.

18. Oktober 1963

Dessie. Von Wanzen und Flöhen zerstochen wie noch nie in meinem Leben. Haile Selassie sollte sie – statt seines Löwen – zum Wappentier des Kaiserreichs machen.

20. Oktober 1963

Seit Tagen ein wolkenloser Himmel. Die große Wüste rückt näher. In Stein die Spuren der jüngsten Geschichte. An einer römischen Villa eine verblichene Inschrift: Sempre Duce! Vierzig Kilometer vor Asmara eine Geisterstadt: die Italiener haben den Ort verlassen, und niemand scheint ihnen gefolgt zu sein – ein Hauch von Kongo über dem Land.

Asmara – im Zentrum flanieren parfümierte Italienerinnen und ihre Männer im afrikanischen Sonntag wie daheim in Rom, Milano oder Napoli. Ich will auf einen Hügel über der Stadt und gerate in ein Armenviertel. Wieder diese Aggressivität der Bewohner. Dutzende von Kindern hinter mir her. Schließlich prügeln Soldaten meine Verfolger in die Flucht.

Und dann die Nacht: gehetzt von menschlichen Hyänen flüchte ich mich in irgendwelche Bars. Amerikanische GIs und italienische Bordellbesitzer haben sich ihr Milieu geschaffen. Afrika ist dabei auf der Strecke geblieben. In einer dieser Bars vier Italiener zwischen scheintot und halbtot. Sie flößen mir Wein ein und stopfen mich mit Essen voll. Zitternd gieren sie unterdessen danach, mit gekrümmtem Rücken Nylonbeine küssen zu dürfen und den Kopf in schwitzende Nuttenbrüste zu wühlen.

21. Oktober 1963

Straßensperren bei Keren. Vor kurzem explodierte eine Bombe in einem Bus, Handgranaten flogen in ein US-Hotel, Jagdsafaris wurden von Banditen ausgeraubt, ein Amerikaner wurde umgelegt.

Ein US-Sergeant bringt mich in einem luxuriösen Hotel unter, versorgt mich mit Bier und Chicken. Einem Bettler drückt er eine Zigarette im Gesicht aus, während er in seiner Hosentasche verächtlich nach einer Münze für den Mann sucht...

Von einem Schrecken stolpere ich zum nächsten. Waren derartige Erlebnisse eigentlich unausweichlich? Oder habe ich sie nicht auch gesucht? Diese Reisen waren meine Entscheidung, und was ich unterwegs fand, habe ich wohl auch gewollt. Schließlich hätte ich mich ja auch in die Reservate des Tourismus begeben oder zu Hause bleiben können. Was nicht heißt, daß ich bis ins letzte begreife, was mich trieb. Einige Erklärungen liegen nahe. Zu Hause war nichts los: alles geordnet, reglementiert, in Schablonen gepreßt, kein Platz für Spontaneität und Abenteuer. Und danach verlangte ich. Ich war auf dem Weg an meine Grenzen, wollte nicht, daß mir jede Möglichkeit existentieller Selbsterfahrung genommen war. Für mich ist diese Suche noch immer nicht zu Ende. Ich glaube nicht, daß sich ein Mensch in seinem Leben einmal völlig ändert. Wenn ich heute unterwegs bin, geht es mir letztlich nicht anders als damals. Nichts Langweiligeres, als irgendwo festzuliegen. Dann könnte ich auch gleich zu Hause bleiben. Ich glaube, daß es eher nomadische und eher seßhafte Menschen gibt. Zu ersteren zähle ich mich. Ich bin auch davon überzeugt, daß sie das treibende Moment in der Welt sind – wenn auch nicht immer in verantwortungsvoller Richtung. Man muß wissen, was man mit seinem Leben will, und das erfährt man nur, wenn man in Bewegung ist.

22. Oktober 1963

Tessenei. Ankunft im Dunkel. Ich stolpere durch die Nacht. Einige aufgeregte Schreie, das Durchladen eines Gewehrs – ich beschließe zu überleben, bleibe stehen, lasse die Uniformierten herankommen und ihre Neugier über mich ergehen.

Eine milde Nacht unter dem unendlichen Sternenkäfig. Ich erinnere mich an einen Satz aus Joyce's *Ulysses*: Jede Welt liegt als Embryo in einer anderen. Zufrieden schlafe ich ein.

24. Oktober 1963

Der Nachmittagswind treibt die Glut in mein Hirn. Auf einem mit Getreidesäcken überladenen Laster schaukele ich durch die Wüste. Die Maßlosigkeit des staubgrauen Himmels, der Horizont in voller Auflösung. Die Wüste ist großartig und erschreckend zugleich. Ihre Leere ergreift Besitz von denen, die sich hinauswagen. Skelette und Autoreifen sind die Kilometersteine. Am Nullpunkt der Mensch, stecknadelklein inmitten der Weite. Über ihm Aasgeier, Majestäten des Todes. Und irgendwann dann doch das Ende der Weite: die ersten Lehmbauten – Khartoum, die Stadt am Nil.

1. November 1963

Eine kühle schrägstehende Sonne. In der Abenddämmerung taucht zur Linken Kreta auf: Europa im Herbst. Ich beginne zu frieren.

3. November 1963

Der Olymp trägt bereits seinen weißen Hut, stolz und sonntäglich. Stundenlang hänge ich in Larissa an der Straße herum und verfluche die Bourgeoisien aller Länder. Dann bekomme ich plötzlich meinen Lift – wenn ich will, direkt bis London. Am Steuer des Taunus M 17 ein alter Grieche. Im Partisanenkrieg hat er ein Bein verloren, und aus seinem Gesicht funkelt Karl Valentin: „Wir zusammen in München viel Frollein ficke. Pipper machen stark. Viel gutt, deutsche Frollein. Ich viel ficke deutsche Frollein..." Ouzo, gegrillte Fische, Bier und fahren, fahren, fahren. Tief in der

Nacht – eingehüllt in dicken Nebel – am Stadtrand von Skopje. Totenuhrzeit. Wir schlafen einige Stunden im Wagen.

5. November 1963

Gegen Sonnenuntergang am Münchener Hauptbahnhof, heimgekehrt ins Exil. Morgen früh könnte ich wieder aufbrechen.

Warum war ich eigentlich in Afrika? Afrikanern bin ich ja kaum begegnet – es sei denn als Diener ihrer weißen Herren oder als deren neokolonialer Abklatsch. Ich bin von einem Weißen zum nächsten getingelt – und zwischendurch von Indern zu Pakistani – und habe nie ganz den Schutz des Vertrauten aufgegeben. Wie gefangen ich in meinem eigenen Rassismus noch gewesen sein muß, so sehr ich mich auch über den Rassismus der anderen empörte. In meiner Arroganz des outcast *und* lonesome riders, *mit viel Rimbaud, Verlaine und Kerouac gewürzt, habe ich die Afrikaner wahrscheinlich nur als exotisches Schauspiel an mich herangelassen. Ich war viel zu ruhelos unterwegs, um mich fremdem Leben mehr als oberflächlich zu nähern.*

Mir kommen Zweifel an meiner Theorie vom nomadischen und seßhaften Menschen. War ich in Wirklichkeit unterwegs, weil ich nicht den Weg zu mir fand? Ist der seßhafte Mensch der, der zu sich selbst gefunden hat? Doch schon regt sich Widerstand in mir. Dieses Unterwegssein war für mich mehr als Flucht. Ich fühlte Leben in mir, wenn ich an meine Grenzen ging.

Aber warum Afrika? Wenn ich dort den Schlüssel zu mir selbst suchte, habe ich ihn nicht gefunden. Allzu nah war ich noch denen, denen ich mich so überlegen wähnte: den weißen Parasiten, die sich wie Schmeißfliegen über den ausgebluteten Kontinent hermachen. Aber lag der Schlüssel zu mir überhaupt in Afrika und nicht eher dort, woher ich kam? Die nächsten Jahre haben mir darauf eine Antwort gegeben. Die Suche ist dennoch nicht zu Ende – bis heute nicht. Auch nicht die Suche nach Afrika.

7

Die versteinerten Verhältnisse zum Tanzen bringen

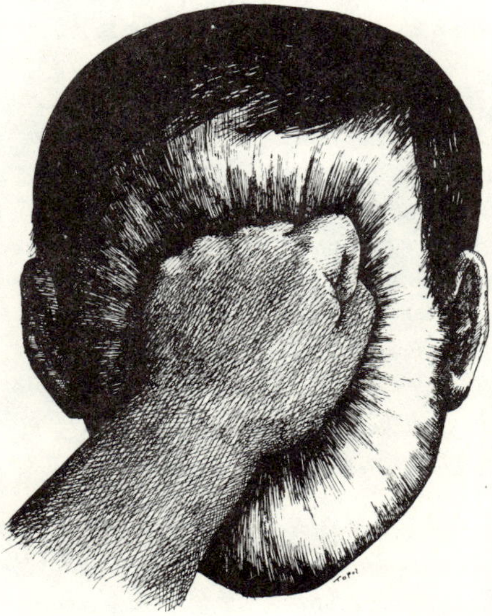

Ich blättere die letzten Kalenderseiten des Jahres 1963 durch: 22. November, Präsident Kennedy ermordet. Wie gut ich mich erinnere. Zu nächtlicher Stunde mit meinem Bruder in einer der Kneipen des Viertels. Die Stimmen der sonst so lärmenden Zecher sind gedämpft. Wir achten jedoch nicht darauf, bis die Mitternachtsnachrichten aufgedreht werden. Frei von Betroffenheit war auch ich nicht, klammheimliche Freude über den Tod eines Repräsentanten des verhaßten Systems mochte nicht aufkommen wie manchmal in späteren Jahren. Kennedy verkörperte, war er auch verantwortlich für die Schweinebucht-Invasion und manch andere imperialistische Sauerei, etwas vom Aufbruch innerhalb des Systems, und wurde wohl auch deswegen erschossen.

Wie sehr ich doch fror in jenem Winter, der dem afrikanischen Sommer folgte. Ich lebte mit meinem Bruder in einer Gruft in der Reitmorstraße. Altbau, Parterre, zur Untermiete bei einer alten Dame. Einer von uns in dem riesigen, modrigen Schlafzimmer der Vermieterin, das nach dem Tode ihres Mannes studentischen Bedürfnissen zugeführt worden war. Nie mehr als ein Schimmer von Tageslicht über dem massiven Ehebett in der Mitte der Gruft. Der andere in einem Schlauch, der zur Straße hin führte: etwas privilegierter, ein wenig am Leben beteiligt. In der Badewanne das rostige Fahrrad der Vermieterin. Die Küche feucht und kalt, die Wände verschimmelt, die Küchengeräte verrottet, Essensreste vor sich hinfaulend. Die Vermieterin in zwei geheizten Zimmern verbarrikadiert, alles andere der Verwesung überlassend. Doch sie war freundlich, die alte Dame, ließ uns in Ruhe. Belästigte uns nicht wie jener Drachen von der Mannhardtstraße, bei dem wir ein Semester gewohnt hatten, der morgens um neun hereingestürmt kam, jetzt ist's aber Zeit schrie und meinem Bruder, der gerne länger im Bett lag, das Ungetüm von Federbett vom Leib riß und zum Auslüften zur Straße raushängte. Nein, so war Frau Meier nicht.

Doch so sehr ich auch in diesen kaum einmal geheizten Zimmern fror, war ich doch entschlossen, mich nicht unterkriegen zu lassen. Ich durfte das germanische Ungeheuer nicht nur hassen; ich mußte helfen, es zu zerstören. Systematisch gingen wir ans Werk. Es war die Blütezeit der Schulungen: Lohn, Preis und Profit – Das Kommunistische Manifest – Vom Ursprung der Familie – Staat und Revolution. Ohne revolutionäre Theorie keine Praxis: Wir mußten eindringen in die Geheimnisse dieser Gesellschaft, um sie zu zerstören. Und wenn es im Moment nicht möglich war, sie direkt aus ihrem innersten Kern heraus zu zersetzen, dann auf dem Umweg: die Umzingelung der Metropolen durch die revolutionäre Peripherie, bis den Herren die Luft ausging und die verbürgerlichten Arbeiter – von uns Intellektuellen auf die Sprünge gebracht – endlich das taten, was schon längst ihre historische Pflicht und Schuldigkeit war...

Überall in unseren Kreisen hockten die Damen und Herren der illegalen KPD, versuchten, uns wie Marionetten zu bewegen und uns ihre DDR schmackhaft zu machen. Wir lernten die Geschichte der letzten Jahrzehnte neu begreifen – mit ih-

nen, und wenn nötig, auch ohne sie. Im Frühjahr '64 fuhren wir dann dorthin, wo alles so viel besser sein sollte. Mein Traumziel war es schon vorher nicht gewesen, da wäre ich lieber nach Cuba gefahren, doch neugierig war ich, die DDR – befreit vom anti-kommunistischen Denken der Adenauerwelt – mit anderen Augen zu sehen.

Doch so guten Willens ich auch war, die Alternative zum verhaßten Westen fand ich nicht. Da nützten auch alle Beschwörungsformeln der Funktionäre nichts, deren offizielle Gäste wir als SDS-Delegation waren.

Was uns dort geboten wurde, war selbst für die Gutwilligsten zuviel. Da verkündete ein Professor zum Thema Freiheit im Sozialismus, *daß Kafka und Freud – das war damals ein brisantes Thema – nicht gedruckt würden, „weil sie unserem Staat nichts nutzen, da sie keine positiven Lösungen anzubieten haben". Wer sich über Kafka informieren wolle, für den gebe es zwei Bücher* über *besagten Autor in der DDR, vom Klassenstandpunkt aus geschrieben, und das sei genug. Kafka selbst zu drucken – schade um das Papier. Als wir daran Kritik zu äußern wagten, schrie er drauflos, er sei im KZ gewesen und lasse sich von uns nicht beleidigen; er wisse, was für sein Land wichtig sei, und wir hätten ihm nicht zu sagen, was die DDR zu drucken habe und was nicht.*

Oder meine Verwunderung, als wir hoch über Jena im traditionsreichen Fuchstanz mit Funktionären bei einer Feuerzangenbowle zusammensitzen, die Parteileute alte Burschenschaftslieder singen, wir aber Ostermarsch- und Arbeiterlieder und dann zu hören bekommen, wie borniert, sektiererisch und gefühllos wir doch seien. Dennoch werden wir zu den nächsten Weltjugendfestspielen und auch wieder nach Jena eingeladen: „Aber bitte keine politischen Diskussionen, keine Arbeiterlieder. Wir wollen Gemütlichkeit organisieren. Wir sind nicht so eng, wie ihr denkt." Bissig denken wir uns unseren Teil: Unter den politischen Phrasen der gleiche deutsche Mief – hüben wie drüben. Wer eigentlich außer dem SDS steht der Wiedervereinigung auf dem Boden germanischer Gemütlichkeit im Wege? Als Kompliment verstehen wir, was wohl als Kritik gemeint ist: „Solche Leute wie Ihr sind uns ja überhaupt noch nicht begegnet..."

So wird es – bei allem guten Willen – nichts mit der Wende zur DDR. Und auch in den Schoß der KPD werde ich nicht aufgenommen. Stattdessen verwandele ich mich für einige Monate in einen Maoisten – 700 Millionen können nicht irren –, lese, was greifbar ist über die Revolution in den heißen Zonen der Erde und denke, daß sie dort etwas Lustvolleres sein muß als im preußischen Kernland.

Vor allem aber suche ich nach Identifikationsmöglichkeiten in der Geschichte der Bewegung – und derer gibt's genug. Da stehen – gewiß nicht zufällig – einige Zeilen von Majakowski in meinem Notizheft:

Zwei sind im Zimmer:
ich
und Lenin –
er als Photo
an weißer Wand.

In der Tat: schon bald hängt Lenin an meiner Wand, und in dem, was ich gierig lese, finde ich Sätze wie Fallbeile, die mir sagen, was zu tun ist:

Ich will
meine Feder ins Waffenverzeichnis
Bajonett und Feder –
so laute das Gleichnis.
Majakowski

Unter welchen Bedingungen dieses Schreiben fortan zu erfolgen hat, erfahre ich beim Genossen Lenin:

„Nieder mit den parteilosen Literaten! Nieder mit den literarischen Übermenschen. Die literarische Tätigkeit muß zu einem Teil der allgemeinen proletarischen Sache, zu einem Rädchen und Schräubchen des einen einheitlichen großen sozialdemokratischen Mechanismus werden, der von dem politisch bewußten Vortrupp der ganzen Arbeiterklasse in Bewegung gesetzt wird." (1905)

So gerüstet, kann es also losgehen. Als ich umziehe in eine Dachkammer am Rande Schwabings stelle ich an warmen Sommerabenden meinen Plattenspieler ins Fenster und lasse den Roten Wedding *in den Hinterhof aufmarschieren.*

Wütende Schreie sind die Antwort: Verdammter Lärm! Aufhören, aufhören! Unverschämtheit!

Die Schreie können mich nicht beirren. Im Gegenteil. Der Rote Wedding marschiert – und sei's auch gen Schwabing.

Beobachtungen über ein geteiltes Land

§ 1

In diesen Jahren,
wo Deutschland zu einer Lüge geworden ist,
von einer Regierung dennoch zur Wahrheit erklärt,

die berufen sich fühlt,
Rechtsnachfolger
zu sein des Dritten Reiches
(Wie rechts muß dieses Deutschland stehen, um schon wieder ein Reich zu sein?),
ärgert mein Wortspiel:
es zeuge von einem zersetzenden Geist.

Ich denke zurück an das Reich:
einige Kaiser, einige Kanzler, Blech und Musik,
Bismarck und Hitler.
Da war allerhand los,
„Nichtendes Nichts", Philosophie und Krieg,
und Karl und Rosa ermordet...
Kurz – wenig Gutes.
Und nach dem letztem, diesem Hitler, der das Jahrhundert anstrich
wie keiner vor ihm,
gab es schon wieder einige Kanzler,
Nachfolger eines inzwischen geschrumpften Reichs
aber noch immer rechts.

§ 2

Als ich bei Lenin las,
der über einen Freund spottete,
dieser könne sich nicht damit einverstanden erklären,
daß das sein solle, was ist;
er schlage vor, daß das sein solle, was nicht ist,
da erinnerten mich diese Worte
an das Unglück vieler Menschen,
die wider ihre Erfahrung sich weigerten
anzuerkennen
den Riß im Hause,
der nicht sein soll.
Doch wie der Tag auf die Nacht folgt und die Nacht auf den Tag,
so bleibt das, was ist,
auch wenn es nicht sein soll.

§ 3

Wenn ich die Grenzen überschreite
zwischen West und Ost
sollen der Beamte im Westen und der Beamte im Osten
nicht das Recht haben zu sagen,
ich sei ein schlechter Deutscher,
da ich reise zwischen zwei feindlichen Staaten,
die einander doch so ähnlich sind.

Vielleicht werde ich eines Tages von hier nach drüben
oder von drüben nach hier fliehen
(um euch zu ärgern).
Ja, ihr wißt, ich spotte nur:
Ich habe Angst, daß man mich auf diesem Weg erschießt.

§ 4

Wollt ihr nicht einsehen,
Herren im Westen,
daß ihr die Mauer nicht aufkaufen könnt
wie die Apfelsinen Spaniens
und auch nicht im Kriege erobern?
Deutschland ist auch dort,
wohin ihr nicht sehen wollt!

Wollt ihr nicht einsehen,
Herren im Osten,
daß das, was ihr bei euch geschaffen,
so wenig die Freiheit ist,
wie bei den Herren im Westen?
Daß Freiheit nicht Herrschaft der Bürokratie ist,
sondern das Ende jeder Herrschaft des Menschen
über den Menschen?

§ 5

Was du schreibst, sind keine Gedichte,
sagte man mir,
der Dichter ist Seher.

Ich antwortete,
besser sei, er übersehe nichts
und urteile über die Menschen und ihre Ordnung.

Allgemein gelten Dichter als Narren,
bei uns aber gelten Narren bereits als Verbrecher.
Dennoch vergast man sie noch nicht wieder:
Sie haben noch etwas Zeit.
Man nennt das Freiheit:
Sie dürfen in Maßen denken,
wenn sie geloben, den Gedanken nicht Taten folgen zu lassen.

§ 6

In der Ferne,
so hört man, gewinnt die Bundesrepublik Sympathien,
ein anderer deutscher Staat jedoch nicht.
In Afrika,
so erfuhr ich, betrachtet man uns als englische Provinz
wie Cornwall oder Wales.
Unser Ruf reicht nur bis Portugal,
wo sich ein kleiner Hitler unser Freund nennt...
Einige Tage über den tintenblauen Ozean,
und wir sind Weiße, Europäer, Ausbeuter, Kolonialisten,
in den Hütten der Armen nur geduldet.
(Man sage nicht, ein Afrikaner werde bei uns bevorzugt!)

§ 7

Aber das Bier ist gut bei uns, Brüder und Schwestern,
so trinkt davon.
Unsere Autos sind die besten,
das schwöre ich, Brüder und Schwestern,
so wahr ich keines besitze.
Das Fernsehen in unseren Stuben, Brüder und Schwestern,
ersetzt Qualität durch das Dritte Programm oder die Lüge.
Unsere Armee ist die stärkste, Brüder und Schwestern,
wenn auch nicht für euch.
Unsere Straßen sind die breitesten, Brüder und Schwestern...
und auf ihnen wird man eines Tages dieses Land
wieder verlassen.

§ 8

Als ich das Gedicht laut vorlas,
fragte man mich:
Was zahlen dir die Kommunisten?

In der Nacht fegte man mich mit dem gelben Herbstlaub hinaus.

Über das Recht zu sein, wer man ist

Man wirft mir vor,
Ich sei fünfundzwanzig und rot
Und verdiene mir noch nicht mein Brot.

Man wirft mir auch vor,
Für mich sei kein Platz in der Welt
Und ich gehör' hinausgestellt.

Aber: Ich behaupte meinen Platz,
Und meine Berechtigung
Enthalt ich euch vor.

Denn ihr habt einst das Unrecht bejaht
Und bejaht es auch heute noch.
Eure Fragen sind Lügen,
Eure Lehren Verbrechen,
Eure Versprechen eine Bedrohung.

Gegen euch schneidet mein Wort.
Das ist mein Recht.

Nach Semesterende bin ich wieder unterwegs. In Arles läuft mir C. unter den Platanen am Bouleplatz über den Weg. Es ist, als seien nur Tage vergangen, seit wir uns hier begegneten, und nicht Jahre. Wir steigen hinauf in die weißen Kalkfelsen von Les Baux, wo der Wind in den Nächten um uns weht und die nimmersatten Schwärme der Blutsauger ein wenig vertreibt; wir suchen Unterschlupf in dunklen Höhlen, wo wir uns zwischen Skorpionen und Fledermäusern wiederfinden; klettern hinab zu den Feldern und Gärten in den fruchtbaren Ebenen, wo wir ernten, was wir brauchen; holen uns, was uns noch fehlt, geschickt zusammenarbeitend, aus den Läden entlang der heißen Straßen; treiben uns an den endlosen Stränden der Camargue herum, leben von Brot und Wein und Wasser und einem Stück Käse und zuckersüßen Melonen; fühlen uns zum Leben befreit, übermütig, stark genug, alle Schranken in uns und um uns niederzureißen. Wir sind stolz darauf, zu den Barfüßigen zu zählen, und genießen die Provokation.

Doch so plötzlich, wie das Fest begann, endet es auch. C. fährt zurück nach Paris, ich besteige in Marseille ein Schiff nach Nordafrika.

Algerien – Notizen einer Reise

Der Atem Algeriens genügte.
Genügte die Fliegen zu verjagen.
Dann wurde Algerien selber...
Wurde selber verräterisch zur Fliege.

Kateb Yacine, *Nedschma*

Annaba, 21. August 1964. – Staatsbesuch: in den Straßen der Stadt zwei Größen, aus offenem Wagen dem Volk huldvoll zuwinkend. Ben Bella, seit zwei Jahren an der Spitze Algeriens, und Modibo Keita, sein malischer Kollege, reklamieren Sozialismus und Islam für sich. Letzterer erklärt: „Notre socialisme tire ses fondements du Marxisme-Léninisme. Seulement nous n'adoptons pas cette théorie à la philosophie parce que nous sommes croyants. Nous estimons que l'on peut être musulman et profondément socialiste... Croyants musulmans, nous édifierons le socialisme." (*Alger Républicain*, 22.8.1964).

Ich besuche Annabas JFLN*, stelle neugierige Fragen.

„Ja, wir sind Sozialisten."

„Aber in eurer Bibliothek steht kein Marx, kein Engels und kein Lenin. Woher habt ihr euren Sozialismus?"

„Wir finden ihn im Koran. Mohammed sagte bereits, daß wir eines Tages den Sozialismus aufbauen werden. Er sagt auch, wie er aussehen wird."

Ich bitte um Belege.

„So schnell kann ich sie nicht finden."

„Nicht einen einzigen?"

„Im Augenblick nicht einen einzigen."

Im Bücherschrank stehen: Guardini, Ortega y Gasset, Krimis.

„Wir sind Sozialisten, aber wir werden nie Kommunisten sein. Der

* Die Jugendorganisation der Front de la Libération Nationale (FLN)

Kommunist glaubt nicht an Gott. Wir integrieren den Sozialismus in die Religion."

Die sich in diesem Land Kommunisten nennen, schweigen. Kommunisten sitzen in der Regierung, schreiben den *Alger Républicain*, veröffentlichen *Révolution Africaine.* Und schweigen.

Manchmal sagt mir der eine oder andere: „Wir müssen noch warten, wir sind noch nicht stark genug." Ich habe das Gefühl, daß sie das auch noch in Jahrzehnten sagen werden. Wollen sie wirklich ernsthaft etwas ändern?

Das Unbehagen in dem unabhängig gewordenen Land ist groß, Enttäuschung überall spürbar. Die Menschen stoßen sich an der islamischen Rigidität, die sich breitmacht. Fast nirgendwo ist mehr Alkohol zu kaufen. Kleinere Orte – noch voller Caves aus der Kolonialzeit – sind entalkoholisiert. Die Emanzipation der Frau ist bestenfalls ein Regierungsschlagwort. Der Aufbau einer Mädchenorganisation ist gescheitert. – Viele Jugendliche wollen nach Frankreich, wo das Leben leichter und angenehmer sei. Manchmal sprechen die Leute von früher. Sie beginnen bereits, die Geschichte zu verklären: die Ambiance war ein Klassenprivileg, die Araber dabei nur Zuschauer. Es erstaunt immer wieder, wie unversehrt koloniale Identifikationen überleben.

Algerische Kinder zeigen keinen Haß mehr gegen Frankreich, eine der beeindruckendsten Erfahrungen in diesem Land. Sie unterscheiden zwischen dem „pied noir" und dem „vrai français"; der „wahre Franzose" habe den Krieg nicht gewollt, man betrachte ihn als Freund. Doch vom Krieg wollten sie nicht mehr sprechen, lieber von der Zukunft.

Wie anders doch die „pied noirs" – niemals bereit zu vergessen, vom Haß zerfressen, in Märtyrerpose, vom Vaterland verraten und in einem feindlichen und undankbaren Land ausharrend, das angeblich ihnen gehört. Allerdings: der „pied noir" ist zu einem aussterbenden Wesen im heutigen Algerien geworden.

Doch hin und wieder beißt er dich: „C'est nous qui a fait tout ça – NOUS – NOUS – NOUS! Qu'est-ce qu'ils sont capable de faire? ... Rien! Rien! Regardez ce beau pays! C'est foutu, foutu. Si vous l'aviez connu auparavant..."

Er wird wie viele andere zurück nach Frankreich gehen.

„Stehen Sie unter Druck der algerischen Regierung?"

„Nein! Ich habe nur die algerische Staatsangehörigkeit anzunehmen. Aber ich sage Ihnen, die französische Regierung entschädigt mich für mein verlorenes Eigentum. Damit werde ich einen kleinen *commerce* beginnen. Es ist hier einfach nicht mehr, was es einmal war. In *unseren* Cafés sitzen jetzt die Araber."

Am Tag der Unabhängigkeit sind 80 Prozent der erwachsenen Algerier Analphabeten. Das algerische Arabisch ist eine verkümmerte Sprache. 20 Prozent schreiben Französisch, nur 5 Prozent Arabisch.

1947 hatten die Algerier die gleichen Rechte wie die Franzosen erhalten. Ein Fetzen Papier gab ihnen die Gleichberechtigung. Die Wirklichkeit trieb sie in den Aufstand. 1962 waren 1,5 Millionen Algerier ums Leben gekommen. Algerien war Teil des Vaterlandes – eines grausamen Vaters...

Es kann dir passieren: Plötzlich hält jemand sein Gebiß in den Händen: „Das war die französische Armee. Außerdem hatte ich fünf Kugeln im Körper. Quer durch unsere Stadt war Stacheldraht gezogen. Zwischen den Minen und dem Stacheldraht eine schmale Gasse, um uns zu unseren Häusern Spießruten laufen zu lassen. Dort hat mich die OAS erwischt, fünf Kugeln."

„Wie alt bist du?"

„Damals war ich achtzehn."

„Wir können vergessen", fügt er hinzu.

Fast alle haben derartige Geschichten zu erzählen. Doch die meisten schweigen – oder berichten in kurzen, dürren Worten: 14 Monate Maquis, 45 Tage Folter, 1 Jahr KZ, am 14. Juli ausgebrochen, da waren die Wachen von der Größe der Nation besoffen, Flucht nach Marokko, Studium, im Juli 1962 heimgekehrt.

Man muß diese Grenze gesehen haben: verbrannte Wälder, Stacheldraht rechts und links der Straße, die Dörfer in den Minen vergraben und darüber die weißen Festungen der Herren – Wachttürme. Es gibt keine Ausrede – es war unübersehbar. Wer von Tunesien oder von Marokko einreist, sieht das alles noch heute.

Keroulis: 1300 Hektar in Selbstverwaltung. Der *président de la ferme,* ein alter Arbeiter, führt uns am Haus des ehemaligen Direktors, eines Franzosen, vorbei. Das Haus steht leer.

„Nein, niemand wohnt darin. Der Europäer hatte zwei Dienstmädchen, einen Gärtner, zwei Leute, die auf sein Reitpferd und auf das seiner Frau achteten. Ich weiß es nicht mehr so genau, die Zeit ist vorbei. Was soll ich in dem Haus? Es hat acht Zimmer oder mehr. Je reste avec les hommes là-bas. Je suis comme eux."

Einst arbeiteten sie 14 bis 15 Stunden für 400 oder 500 Francs. Jetzt arbeiten sie 8 Stunden für 1000 Francs und haben einen Arbeiter zum *président de la ferme* gewählt.

Ob sich der algerische Sozialismus der Traditionen nur bedient, um sich ihrer bei Gelegenheit zu entledigen, oder ob er ihr Gefangener ist und sich damit selbst als dialektische Kraft aufhebt? Dies ist die entscheidende Frage in Algerien. Daß alles zum Guten sich entwickele, darauf deutet jedoch kaum etwas hin.

Für den Sozialismus sind hier alle. Für Hitler auch. Manche finden sogar, daß Ludwig Erhard ein großer Sozialist sei, weil es in Westdeutschland ein „Wirtschaftswunder" gebe. Manche haben gehört, daß man im Osten nicht frei sei; deshalb müsse der Sozialismus eine westdeutsche Errungenschaft sein, da man dort bekanntlich frei sei.

Für de Gaulle sind auch alle.

Auch ein jugoslawischer Arzt – von seiner Regierung geschickt – ist für de Gaulle und Erhard. Er ist auch für den Sozialismus. Wenn ein Mensch zu essen habe und einen Fernseher und ein Haus und ein Auto und vor allem Freiheit, dann sei das die höchste Form des Sozialismus. Sie sei vor allem in Westdeutschland verwirklicht, aber auch Jugoslawien mache beachtliche Fortschritte und es sei anzunehmen, daß sein Land bald ebenso frei wie Westdeutschland sein werde.

Einige traf ich, die gegen das sind, was sich in Algerien tut.

„Es ist nicht gut", sagen sie dunkel.

Ich frage nach Einzelheiten, sie schweigen.

Sidi Ferruch: Camp de l'Amitié Internationale „Nedjma" der JFLN. Drinnen eine Clarté-Reisegesellschaft. Die perfekten Kleinbürger und alle wahrscheinlich Parteibuchkommunisten, bieder und linientreu.

„Jean, tu ne viens pas pour la photo?"

Und für die Revolution?

Jemand glaubt, die Antwort gefunden zu haben. Wir können doch in Frankreich oder Italien keinen Guerillakrieg wie in Vietnam oder im Kongo führen, wir müssen im Rahmen des Möglichen bleiben.

Kommunistische Parlamentarier tragen in Westeuropa bekanntlich Krawatten und keine Bärte und reden wie niemand sonst vom Frieden.

In Sidi Ferruch ist das proletarische Denken auch unter denen überholt, die sich als Kommunisten bezeichnen. Chruschtschow und Johnson mögen aufatmen.

Ein Amerikaner spricht von Faschismus in den USA. Das amerikanische Alltagsleben sei schon lange faschistisch, doch angeblich kluge Leute zögen es vor, von der ENTIDEOLOGISIERUNG des öffentlichen Lebens zu sprechen. Sie sähen im Verlust politischen Bewußtseins und im Sieg der allgemeinen Verdummung sogar einen Beitrag zur Stabilität. Dem amerikanischen Spießer werde die Erfüllung seiner chauvinistischen Träumchen versprochen. Nur der schwarze Amerikaner bleibe dabei auf der Strecke. Und noch einige mehr...

Schwedische Touristen im Camp haben zu nichts eine Meinung – weder zu Goldwater, Algerien noch Vietnam. 95 Prozent drehen – in Schweden wie anderswo – den Kopf ab (wir haben nichts gewußt); 3 Prozent kämpfen dagegen und werden vernichtet; 2 Prozent besorgen das schmutzige Geschäft.

„Wie wollen SIE (gemeint sind die Araber) in 20 Jahren so arbeiten lernen, wie WIR es seit 400 oder 500 Jahren in Europa tun?"

„ILS sont lâches. C'est la race arabe."

„Ils crèvent de faim en Algérie. Oui, je le sais."

„C'etait une faute de donner l'éducation aux Arabes: ils en sont mal servi. Un jour, nous devrons reconquérir l'Afrique."

„Oui, ils sont anti-blanc." Und er konkretisiert: „C'est du communisme."

Melilla: vérole franquiste en Afrique.

España: 12 Millionen Touristen in 8 Monaten. Südlich von Toledo drehen Kühe noch immer die hölzernen Wasserräder. Überall Plakate: 25 ANOS DE PAZ (weiße Hütten unter einem andalusisch blauen Himmel).

In Toledo wird der Alcatraz wiederaufgebaut. An den Wänden übermalte Buchstaben: Revolución Nacional. Unleserliches. Man spricht von der faschistischen Opposition gegen Franco: die koste nicht in jedem Fall den Kopf.

Sonntag in Madrid: Aufzug der herrschenden Klasse in Krawatte und dunklem Anzug. Versteiftes Rückgrat, kalte, tote Augen. Dazwischen die Bettler. Dutzende von Soldaten bewachen die Bank. Sie tragen noch immer Bajonette. Und an der Seite den Dolch. Eine Militärkapelle versucht sich in Stimmungsmache.

Die Absteige draußen im „Campo del Norte": die Matratzen sind fett und verwanzt. 25 ANOS DE PAZ. Einige Gäste ziehen es vor, im Park zu schlafen: sie wurden von Läusen gebissen.

Ich versuche, mein Spanisch mit der Lektüre der *Hoja del Lunes* voranzubringen: Tschombé (der Killer – was da aber nicht steht) vor der UNO gefeiert – Neue Taktiken der Kommunisten durch den *Osservatore Romano*, dem Papstblatt, enthüllt: „Togliatti aconsejo la explotación de la religión para sus fines." – Eröffnung des „Congreso de la defensa de la civilización cristiana" ... Ich fühle mich fast wie zu Hause.

Auf der Rückfahrt komme ich wieder durch Paris. Dieses Mal mache ich keinen Bogen um C., lasse mich ein auf ihr chaotisches Leben: dieses grenzenlose Ausprobieren alles Neuen, alles Unbekannten. Da sind jene spanischen Anarchisten im Pariser Exil, die, wenn sie nicht im Alkohol ertrunken sind oder – vom Weltschmerz überwältigt – wie gelähmt herumsitzen, von Bomben gegen Franco schwärmen und dann doch nur ein Weinglas an der Wand zerschmettern. Da sind C.s Freundinnen und Freunde, die ein Leben voller Freiheiten ausprobieren. Da sind ihre Bindungen an die Mutter, die das Leben über die Jahre hinweg so selbstbewußt und selbstverständlich organisiert, wie das in proletarischen Familien nicht anders möglich ist, und die das Chaos, das ihre Tochter tagtäglich anrichtet, geduldig doch keineswegs gleichgültig erträgt. Da ist die Partei, die an die Stelle des als Märtyrer ermordeten Vaters getreten ist und die Tochter adoptierte und mit einem dichten Netz sichtbarer und unsichtbarer Abhängigkeiten darüber wacht, daß sie dem Schoß der großen Familie Partei nicht entgleitet. Vor allem ist da aber C.s offene Rebellion gegen alles, was sie zu fesseln versucht – mag der Prozeß der Auflehnung auch noch so von Schuldgefühlen begleitet sein: die Haßliebe gegenüber ihrer Mutter, der unverdaute Schulabbruch, die Verweigerung einer regulären Arbeit, das provokatorische Bekenntnis zu einem chaotischen Leben, die Auflehnung gegen die Heuchelei der Partei, die ersten Schritte zum Trotzkismus in der Hoffnung, dort eine authentische revolutionäre Perspektive zu finden, spanische Anarchisten im Haus und jetzt auch noch einen Germanen...

Eines Tages im Herbst bin ich doch wieder in München: aufgewühlt, erregt, allem Neuen zugänglich. Die versteinerten Verhältnisse nicht nur in der Ferne zum Tanzen bringen. Ich beginne zwischen München und Paris zu pendeln. Irgendwann im Winter kommt C. nach München, sucht sich einen Job, tritt in den SDS ein, beklatscht von allen Fraktionen als Proletarierin, Ausländerin, KPF-Mitglied, Verkörperung einer Tradition, mit der sie doch gerade bricht. Sie wohnt in meiner Nähe in einem kleinen Zimmer, so wie ich meine Dachkammer bewohne – noch sind wir nicht auf die Idee mit den WGs gekommen.

Stundenlang schon sitze ich über Zeitungsausschnitten und Fotos, lese Flugblätter, die ich viele Jahre nicht mehr gesehen habe, überfliege Schulungstexte, nehme Vereinssatzungen zur Hand und lege sie wieder weg, entziffere die dürren Daten in meinem kleinen Kalender für das Jahr 1965 und lese die Briefe von Freunden und Genossen, die ich längst aus den Augen verloren habe. Nichts gibt letztlich jedoch mehr her als meine Erinnerungen; aus ihnen füge ich dieses Jahr zusammen.

1965 – für kurze Zeit wird München zum Zentrum des innerhalb wie außerhalb des SDS aufblühenden Aktionismus. Nur für kurze Zeit; schon bald machen sich die Protagonisten – an der Spitze der Genosse Kunzelmann – auf und davon: die meisten nach Berlin, andere nach Frankfurt... Heftige Auseinandersetzungen beleben in dieser Zeit den SDS: die alte gewerkschaftstreue KPD-Garde nebst

Anhang gegen den quirligen Haufen, der sich da zu alles anderem als zu neuer Einheit zusammenfindet: Situationisten, SPUR-Leute, Anarchos der ersten Stunde, Rätesozialisten, die ersten Maoisten. Arbeiter und andere Nichtstudenten treten in den SDS ein, Sympathisanten der neuen Häretiker, die alsbald von der alten Garde mit Hilfe der Satzung und des Bundesvorstandes wieder entfernt werden.

Uns trennt mehr als eine unterschiedliche politische Position. Es geht um das ganze Leben. Zwei Kulturen stehen sich da gegenüber. Wir – die Chaoten von damals – wollen leben, wie's uns schmeckt. Über die alten KPD-Kader spotten wir nicht weniger als über unsere Eltern. Die laufen auch noch in Krawatten herum, Scheitel im Haar und bewegen ihre Körper marionettenhaft starr. Reden dabei so monoton, als lesen sie die Börsenkurse vor, wittern überall Verrat und haben statt eines röhrenden Hirsches den Genossen Lenin im Goldrahmen über dem Plüschsofa hängen – von einem Moskauer Hofmaler herzzerreißend auf Leinwand geölt.

Doch Schluß mit dem Blick durch's Schlüsselloch. Auch nach dem Ausschluß der Häretiker ist es im SDS nicht wieder, wie es gewesen war. Wir wollen nicht mehr nur Theoriezirkel und Debattierclub sein. Uns zieht's auf die Straße. Die ersten Demonstrationen gegen die amerikanische Aggression in Vietnam: im Februar zum US-Generalkonsulat, Ende Mai im Anschluß an einen nächtlichen Protestmarsch ein Sitzstreik vor dem Amerikahaus, der von der Polizei unsanft beendet wird; im Juli ein friedlicher Aufzug vor dem Hotel Vier Jahreszeiten, als dort US-Sonderbotschafter Harriman den Dicken mit der Zigarre auf die Washingtoner Linie einschwört; im Kino, um einen Propagandaschinken wie „Kommando in Vietnam" aufzumischen...

Am 1. Mai geht's zum ersten Mal auch gegen die satte Gewerkschaftsbürokratie. Ein Flugblatt der „Aktion der Rätesozialisten" ruft die Kollegen auf: „Schaut euren Führern nicht aufs Maul, schaut ihnen auf die Hände." Luxemburg und Liebknecht marschieren auf großen Tafeln im Zug mit. Die alte Garde hat die Aktion vorher brav dem DGB gemeldet – Prügelbürokraten stehen bereit. Anschließend fliegen die Fetzen im Verein.

Ich bin an diesem 1. Mai in Paris – auch dort gibt's Prügel. In diesem Fall von kräftigen KPF-Fäusten gegen einen Haufen trotzkistischer Querulanten, unter die C. mich geschleppt hat. Mein Antistalinismus wird mir handgreiflich eingebläut...

10000 Studenten demonstrieren am 1. Juli auf dem Königsplatz gegen den Bildungsnotstand. Die Avantgarde flucht drauflos: da kommen sie aus den Mauselöchern, wenn's um ihre Wurst geht, doch wenn Vietnam, Südafrika, Iran oder der Kongo gemeint sind, kriegen sie ihren Arsch nicht vom Kneipenhocker. Am 13. Juli wird die Mensa boykottiert: Diese Suppe eß ich nicht...! Ich sehe noch das Hasenragout vor mir, das es in jener Zeit gab: ein fleischloser Unterkiefer, die Zähne tadellos erhalten, der mir mit einer trüben Brühe über lauwarmen Kartoffelmatsch gekippt wird... Am Boykott-Tag war das Essen allerdings ganz anders – da wurde listig mit einem knusprigen halben Hähnchen gelockt.

Schallmayer
BUNKE
für Münd
BOMB
auf Har
KEINEN
PFENNIG
für den
schmutzigen
Krieg
Hands o
VIETNA

Der Kunzelmann-Keller in der Bauerstraße wird zum Zentrum der Rebellen: Rhetorikübungen für alle Lebenslagen – vom Verhör bis zur Machtübernahme; Schulungen in Psychoanalyse und Marxismus; hitzige Debatten über Lukacs und Marcuse, Adorno und Benjamin, von denen ich fast nichts verstehe; und zu später Stunde raus zu nächtlichen Plakataktionen; selbstgemachte Aufkleber für den allseitigen Gebrauch an Laternenmasten, Klotüren, Trambahnfenstern und Hörsälen. Nur daß man diese Machwerke noch anlecken muß – Selbstklebende gibt's bei uns noch nicht.

Direkte Aktion wird zum Zauberwort. Theorie mündet ein in revolutionäre Praxis. Die versteinerten Verhältnisse zum Tanzen bringen. Der SDS wird vom Kampf zweier Linien erschüttert. Die alte Garde steht mit dem Rücken zur Wand, doch sie steht. Endlich kann ich mit all dem, was da am Kochen ist, mehr anfangen. Und: es macht Spaß. Vor allem das Demonstrieren. „Was die Herren Studenten nur allerweil zu demonstrieren haben!" – zitiert die Süddeutsche Zeitung eine alte Dame. „Mehr als genug!" Das ganze System wird uns – von den drohenden Notstandsgesetzen bis zum Vietnamkrieg – zu einem einzigen Anstoß des Protests.

Meine winzige Dachwohnung in der Georgenstraße am Rande Schwabings aber ist in diesen bewegten Zeiten mein Refugium: nach endlosen Strategie- und Geschäftsordnungsdebatten, Arbeitskreisen und Schulungen, Aktiönchen und rauchigen Kneipenabenden und der Rückkehr von Paris und anderswo. Der Kommunismus ist nicht nur unser Ziel, er wird zu einer neuen, wilden Lebenshaltung hier und heute. Ansatzweise zumindest. Das Privileg ungebundener studentischer Lebensweise bekommt seine revolutionäre Weihe.

Über die Zukunft

Soll ich heiraten?
Eine Frau meinem geringen Besitz hinzufügen
und vor aller Welt sagen:
Meine Frau?
Mich väterlich einigen Kindern widmen,
Schaukelpferd sein und ein Töpfchen bedienen?
Soll ich das?

Immerhin bin ich schon fünfundzwanzig,
in mancherlei unbezahlten Künsten erfahren.
Draußen fällt Schnee über das neue Jahr.
Ich fürchte den Hunger und den Durst
und das neue Jahr wie das alte.
Eine Postwurfsendung

verhalf mir heute zu einer Rasierklinge.
Eisgehärtet!
Extraprima!
Anlaß zu einem Gedicht!
Zum Rasieren!
Zum Pulsaufschneiden!
Allzweckheilig!

Ich pflege Beziehungen zu feindlichen Kreisen.
Es stinkt nach Hegel, Bakunin und Marx.
Und dann diese nächtlichen Damenbesuche,
von irgendwem registriert und denunziert.
Das schafft dir ungebetene Gäste ins Haus:
Kuppeleiparagraph
(und das kommunistische Zeug im Schrank).
Schon sitzt du mitten in der Scheiße drin.

Ein Winter in München mit C., beglückend und beängstigend zugleich. Sie läßt sich hier durch mich so wenig fesseln wie in Paris, geht ihre eigenen Wege und verläßt mich doch nicht. Es gelingt mir nur schwer, damit zurechtzukommen; ich fühle mich hin- und hergerissen. Eine tiefe Angst vor C.'s Unabhängigkeit und Selbständigkeit steckt in mir, obwohl ich zugleich weiß, daß ich C. nicht mehr ertragen könnte, würde sie den Weg tatsächlich gehen, auf den ich sie zu bringe versuche. Eine Frau als Anhängsel, als Klette – eine erstickende Vorstellung. Nein, ich brauche, was ich habe, auch wenn ich damit oft nicht zurechtkomme.

Es war wohl in dieser Zeit, daß mir U., die Freundin und Genossin, vorwarf, Faschist zu sein. Empört und tief gekränkt reagierte ich mit dem üblichen politischen Antifaschismus, wähnte mich über jeden Verdacht erhaben. Erst Jahre später war ich offen genug zu begreifen, was sie damals gemeint hatte. Noch fuhr ich als Panzer durch die menschliche Beziehungswelt, nichts mehr fürchtend, als mich weich und offen und verletzlich zu zeigen. Noch war ich im Körper, was ich im Kopf schon längst nicht mehr war: der gepanzerte Mann, jener Typus Mann, aus dem Hitler und seinesgleichen immer wieder ihre nekrophilen Untergangsarmeen rekrutieren.

Im April fuhren C. und ich in die DDR. Wir bereiteten eine neue SDS-Reise mit Jenaer FDJlern vor; trampten rauf nach Leipzig und wieder runter, obwohl's uns nicht erlaubt war – denn was verboten ist, das macht uns gerade scharf. Am Ende reichte es uns trotz dieser kleinen Kicks: zu beklemmend, zu erdrückend die Atmosphäre auch auf der anderen Seite der Mauer – zwei deutsche Staaten, die sich so sehr gleichen und es sich doch um nichts in der Welt eingestehen dürfen.

Wie befreiend dagegen die Reise nach Frankreich. Im Juni liegen wir einige Tage in Belle-Ile-en-Mer vor der südbretonischen Küste am Strand und genießen die ersten atlantischen Sommertage.

Portivy

Ein Hafen
Ausgemalt in roten Booten,
Ein Hafen
Abgelagert vor der Küste
Für die Welt der Fischer.

Spielzeuge aus harten Farben
In der Hand bärtiger Bretonen
Und ein Duft von Tod und Salz
Zu Höchstpreisen zusammengestellt –
Folklore steht zum Verkauf.

Refrain

Pernod 45
Pastis 51
und den ältesten Kummer dazu:
Take that girl
off my heart.
Don't beat me down
anymore!

Und dann wieder zurück ins Getümmel. Paris zwischen Stalinismus, Trotzkismus und Anarchismus, auf chaotische Weise in C. aufgehoben, die sich nirgendwo einfügt, immer querliegt, darunter leidet und dieses Leben dennoch bis zur Neige auskostet. A BAS LA FAMILLE steht in riesigen Buchstaben in einem ihrer Briefe. Unser Leben wird zum Programm. Leben heißt: die sexuelle Revolution hier und heute; die soziale Revolution in naher Zukunft.

Jenseits der Grenze aber dominiert Big Brother: Wohin man blickt, der Dicke mit der Zigarre. Wahlkampf. Meterhoch der massige Schädel auf den Plakatwänden, der zum Herrscher gewählt werden will. Wild und zügellos unsere Lust, dem Dicken die Zigarre aus dem Gesicht zu reißen, seine Glubschaugen einzuschwärzen, Unflätiges über die Plakate zu schmieren.

Wahlen

Aus
der Lesebüchern
lernt der Unwissende, daß er durch Wahlen entscheidet.

Was
aber lernt er,
wenn er durch Wahlen nichts verändert?

Je mehr der Dicke uns einqualmt, desto konkreter meine Pläne, mich in die USA abzusetzen, wo es noch stärker brodelt als bei uns, wo die Kämpfe der Schwarzen, der Studenten, der Kriegsgegner zum Vorbild geworden sind auch für uns. Hinein in den Bauch der tausendarmigen Krake und sich mit jenen verbünden, die bereits in ihren Eingeweiden wühlen. Und nebenbei Material für meine Dissertation sammeln. Das Thema ist eng verknüpft mit dem, was uns in jenen Tagen über die Kontinente hinweg bewegt: Es geht in ihr um den Zusammenhang zwischen afro-amerikanischer Befreiungsbewegung und afrikanischer Unabhängigkeit. Ich will mit dieser Arbeit zu Ende bringen, was ich angefangen habe, auch wenn ich nicht weiß wofür. Was aus meinem Leben einmal wird? Ein Diplom werde ich dafür wohl kaum benötigen, nachdem ich meine Pläne, Lehrer zu werden, sanft beiseite gelegt habe: Das, was ich will, schließt den Beamtenstatus aus.*

Doch vor dem Sprung in die Arme der Krake noch einige warme Herbstwochen mit C. in Andalusien und Portugal. Diese Lust zu leben! Eines Tages zurück in Paris. Dann wieder München und zurück nach Paris. C. ist schwanger, treibt ab. Ich mache die Augen zu, will davon möglichst wenig sehen, überlasse alles C. Nur kein Kind – das erscheint mir als das Ende meines Aufbruchs, als Kapitulation und Rückkehr in all die Fesseln, die ich gerade abgeworfen habe. Ich bin erleichtert, daß es endet, ohne daß es Folgen für mich hat. Nur C.'s Augen wollen mir nicht aus dem Sinn. Doch ich habe gelernt, nicht zu sehen, was ich nicht sehen will.

Anfang November ist es dann soweit. Der Tag der Abreise kommt näher. Ich trampe von Paris nach Luxemburg und begebe mich, ängstlich und erwartungsvoll zugleich, auf meinen ersten Flug.

---

* Als Buch erschienen unter dem Titel: *Black Brother. Die Bedeutung Afrikas für den Befreiungskampf des Schwarzen Amerika.* Melzer: Frankfurt a.M. 1971

8

New York, New York

New York

Federico Garcia Lorca
"Poeta en Nueva York"

I

Türme aus tausend Zellen,
Stolz ihrer Baumeister,
Marmormauern der Macht
In den Händen der großen Trusts.

NO ES SUEÑO LA VIDA. ¡ALERTA! ¡ALERTA!

Der kalte Kupferleib in der Nacht,
Hure der Freiheit. Und
Unter den Türmen South Ferry, der Hafen,
In Olivenöl schlafend auf Eis.

NO ES SUEÑO LA VIDA. ¡ALERTA! ¡ALERTA!

Yam und Ananas. Die Tropen in New York.
Und die Armut in deinen rebellischen Ghettos.
Schicke deinen hungernden Sohn hinaus, Mutter,
Denn das Ghetto ernährt ihn nicht mehr.

NO ES SUEÑO LA VIDA. ¡ALERTA! ¡ALERTA!

II

Es waren die Gier und die Angst,
Die das Systen erschufen und nicht die Dummheit,
Und dennoch erzeugt es Dummheit,
Die weise sich glaubt.
Es sind die Gier und die Angst,
Die es erhalten, Angst vor denen,
Die den Mut suchen zu sagen:
NEIN

Das System hat, um sich zu retten,
Die Beschäftigung der Beschäftigungslosen ersonnen.
Es befahl ihnen,

Seine Haltbarkeit und Stärke zu berechnen
Und seinen Untergang zu widerlegen.
Die mit seiner Rettung Beauftragten erfanden
Tausend Methoden, die gewünschte Zahl zu bestätigen.
Sie saßen in klimatisierten Zellen
Und korrigierten,
Wo immer das Ergebnis dem höheren Wunsch nicht entsprach.

Nichts wird bekanntlich höher belohnt
Als Ergebnisse,
Die die Wahrheit korrigieren.

III

Höre, Frau am Computer,
Höre, Frau deinen Code:
Total Clairol, Tortoise and Filigree, CS + CI – PI,
Moon Drops, Purchases, Fashion Sticks,
Cover Girl, Profits,
Nice 'n Easy,
Total Universe!

PRESS-BUTTON BEHAVIOR

IV

Verstehen ist gefährlich.
Aber auch die Dummheit ist gefährlich.

Widerstand ist gefährlich.
Aber auch die Flucht ist gefährlich.

Ach, Lehrer, lerne!
Wirf die weiße Kreide aus deiner Hand,
Mit der du uns anschmierst!

V

Frage:
Wem dienst du, Lehrer?
Dem, der nach dir ruft,

Oder dem, der dich bezahlt?
Wen warnst du, Lehrer?
Deine Schüler?
Wer, Lehrer, bezahlt deine Lügen?

VI

Die Kontrolleure blicken befriedigt auf ihre Ordnung:
IBM, FBI, MARINE CORPS, PEACE CORPS, GOP, CIA.
Es ist uns endlich gelungen,
Den Menschen anzupassen
An das System.

Da sitzt du, 42nd Street,
Ein Hot Dog auf den Knien
Und das Sauerkraut gratis
Vom fetten Kellner serviert,
Der dich haßt.

Ein armseliger Prediger redet auf dich ein:
„Im Elend zu glauben ist ein Zeichen der Stärke."
– Ach, Jesus, für wen sprichst du da? –
Sein unterernährter Prophet gibt dir die Antwort:
„Auch für dich.
Denn beständig auf Erden ist nur des Menschen Leid."
– Ist nicht auch beständig der Reichtum der Wenigen? –

VII

Der Sommer ist heiß,
Der aus den Slums der City steigt.
Die Experten haben versagt.
Der parfümierten Ordnung steht der Angstschweiß auf der Stirn.
Die Ghettos proben den Aufstand.

Durchreflektieren, Psychologen,
Im Schutze der Panzer:
Eure Lügen haben versagt.
Der Central Park schützt euch heute noch.
Wird er euch morgen noch schützen?
Die Nächte sind Feuer in diesem Sommer.

Harlem ist heiß.
Der East River ist heiß.
Die Zellen glühen.
Die Panzer brennen.
Die Türme verkohlen.
BURN, BABY, BURN!

Der Park schützt dich heute noch,
Downtown Manhattan.
Zitadelle des Reichtums.
Morgen schon mag es zu spät sein.

Winter in New York. Ein eiskalter Nordwind schneidet durch die Häuserschluchten. Ich laufe mit hungrigem Magen durch die Straßen, neugierig, ruhelos, kann nicht genug bekommen von dieser Stadt. Wenn's zu schlimm wird, krieche ich irgendwo unter, wärme mir die frierenden Hände an einer heißen Tasse Kaffee, schlürfe den wässrigen Inhalt in mich rein, schiebe einen Donut oder einen Hot Dog hinterher und lasse mir die Tasse ein- oder zweimal kostenlos nachschenken. Dann streune ich weiter, noch immer hungrig. So wenig Geld in der Tasche und doch so lange bleiben wie möglich.

New York fordert mich heraus, und ich nehme die Herausforderung an. Nichts wird mir hier geschenkt – außer der zweiten oder der dritten Tasse Kaffee im Coffee Shop, und auch dieser Brauch ist im Aussterben: zu viele sind unterwegs, nutzen – wie ich – diese Geste, der Not gehorchend.

Die ersten Tage – es war noch Herbst – verbrachte ich vor allem damit, mir mit meinem wenigen Geld – fast vier Mark kostet damals noch der Dollar – einen billigen Unterschlupf zu suchen. Nur nicht ausgehungert den Weg zurück nach Hause antreten müssen.

Nach einigen Tagen fand ich ein Zimmer in einem ärmlichen Viertel in Brooklyn. Aus den Hinterhöfen hörte man Kindergeschrei. Frauen saßen in der milden Herbstsonne breitbeinig auf den Treppen und schälten Kartoffeln. An den Ecken standen Arbeitslose herum.

„Solid und ehrlich geht es bei uns zu", sagte mein Hauswirt. Als ich ihn zweifelnd ansah, fügte er hinzu: „Ich will damit nur sagen, daß wir hier keine Nigger reinlassen."

Der Mann zeigte mir das Zimmer. „Ist das einzige, das gerade leersteht und nicht das Schönste, aber billig." Es war eine winzige Dachkammer. Aufgeschreckte Kakerlaken versuchten, den Spülstein zu erreichen. Es stank nach Pisse. Kein richtiges Fenster. Nur eine verdreckte, gesprungene Milchglasscheibe unter der schrägen Decke. „Regnet nur bei Regen durch", meinte der Alte. „Am besten, Sie stellen einen Eimer drunter." Ein kleines Bett, ein wackliger Stuhl, eine Kommode und eine im Durchzug pendelnde Glühbirne – das war alles. Dann entdeckte ich seitlich noch eine zerbrochene Scheibe, die den Blick auf einen Lichtschacht freigab.

„Okay", sagte ich, „nicht schön, aber billig." Ich mußte eine Monatsmiete im voraus zahlen und verabschiedete mich von dem Mann. „Schließen Sie immer gut ab", ermahnte er mich noch. „Im Nachbarhaus haben sie neulich einem dreimal in zwei Wochen das Zimmer ausgeräumt. Am Schluß blieb ihm nicht einmal mehr ein Schluck Milch im Kühlschrank."

Ich lag auf dem Bett und starrte in die Milchglasscheibe. Nach einiger Zeit hielt ich es nicht mehr aus und fuhr nach Manhattan.

Als ich am Abend zurückkam, trommelte heftiger Regen auf die Scheibe. Ich stellte einen Eimer unter und stopfte einige Ritzen mit Stoffetzen aus, weil es zog. Aus der Ferne hörte ich die Sirenen der Schiffe auf dem East River.

Ich hängte Straßenkarten, Fotos von wilden Berglandschaften und sonnigen Tropenstränden auf und berechnete die Quadratmetergröße meines Zimmers: fünf. Kurz vor dem Einschlafen wurde ich plötzlich durch lautes Fluchen aus dem Lichtschacht wieder hellwach: "FUCKIN' JESUS! FUCKIN' LORD! WHOLE FUCKIN' WORLD! SHIT! SHIT! WE ALL GOT' A DIE! FIVE MILLION JEWS DEAD! DEAD! DEAD! ALL WORLD DEAD! KILL! KILL! KILL THE WHOLE FUCKIN' WORLD! DAMNED FUCKIN' WORLD! KILL!"

Es kam mir vor, als dauerte es Stunden, bis der Mann endlich fertig war, die Spülung zog und die Klotür mit einem Knall hinter sich zuschlug. Ich versuchte wieder einzuschlafen.

So ging es Nacht für Nacht. Ich kam nach Hause, machte das Licht an, jagte Kakerlaken im Waschbecken, aß und trank etwas und legte mich auf das Bett. Ich konnte nicht mehr einschlafen, bevor nicht der Mann seine Flüche in die Nacht hinausgeschrien hatte.

An den Wochenenden war es noch schlimmer. Da war auf allen Zimmern etwas los. Irgendeiner schleppte regelmäßig eine Nutte mit hinauf und prügelte sie stundenlang durch. Schreiend rannte die Frau dann durch die Gänge, bis alle Hausbewohner draußen waren und Ruhe brüllten und die beiden schließlich doch weiter prügeln ließen.

Als ich den Hauswirt eines Tages darauf ansprach, zuckte er mit den Schultern: „Für den Preis können Sie nichts besseres erwarten. Sind alles Wracks, die bei mir leben. Der Alte, den Sie jede Nacht hören, wohnt hier schon seit zwanzig Jahren. War irgendwann Pope in Rußland. Ist völlig durchgedreht, der Kerl." Gleichgültig kassierte er meine Miete und bemerkte nebenbei: „Sie sollten sich mal eine Scheibe für den Lichtschacht besorgen. Muß ja bei Ihnen auf der Bude mächtig stinken, wenn die da unten scheißen."

Kaum war er draußen, packte mich die Wut. „Dir noch die Scheibe zahlen, altes Schwein", dachte ich. „Eher schlage ich noch die anderen ein."*

Ich bin auf der Suche nach denen, die hier für das eintreten, um das es auch uns jenseits des Atlantik geht. Ich finde sie nicht weniger zersplittert, zerstritten und zerrissen wie uns selbst; erfahre mich auch hier als Wanderer zwischen politischen Welten – dem chaotischen Leben der Studenten mit ihren oft so verworrenen und bizarren Mischungen aus Pragmatismus, Idealismus und Naivität, und den abgeschotteten revolutionären Zirkeln, in denen mit äußerster theoretischer Schärfe unfehlbare Strategien und Taktiken abgeleitet werden, die dann ebensowenig aufgehen.

Mehr und mehr treibe ich allerdings auf die kleine Welt der abgeschotteten trotzkistischen Zirkel New Yorks zu und finde bei einer dieser Gruppen, was mir als Verkörperung der besten Traditionen erscheint. Aber auch dort verbünde ich mich von Anfang an mit denen, die nie aufhören kritisch zu hinterfragen und später auch den Aufstand gegen den Großen Vorsitzenden proben. Allen voran P., der Freund, dessen ätzendes Nachbohren schon bald den Opportunismus der Organisation aufdecken und The Lord so in die Enge treiben wird, daß dieser nur noch – betrunken und zutiefst beleidigt – herumbrüllen wird...

Doch noch ist es nicht soweit. Noch hüpfe ich munter zwischen den verschiedenen politischen Szenen umher. Eines gilt über alle Fraktionen und Gruppierungen hinweg: so viel Offenheit, so viel Neugierde, so viel Hilfsbereitschaft. Ich finde neue Freunde. Sie wollen wissen, was sich bei uns tut. Niemand fragt intensiver als die jüdischen Intellektuellen. In ihnen das Wissen um die Geschichte, die uns auf so verhängnisvolle Weise verbindet: sie als Kinder der Opfer, ich als Kind der Täter. Kann denn jenes Land jemals etwas anderes als ein Sumpf unverbesserlicher Nazis sein? fragen sie und verweisen auf die um die NS-Geschichte wahre Eiertänze aufführende westdeutsche Politik und deren obersten Repräsentanten – den KZ-Baumeister im Biedermannlook Heinrich Lübke.

Doch so, wie meine Freunde lernen, das Land aus dem ich komme, nicht nur als Brutstätte alter und junger Nazis zu sehen – so sehr es das auch ist –, so lerne ich, die USA mit anderen Augen zu sehen: Dieses Land, das für uns innerhalb weniger Jahre vom Traum zur Verkörperung des Bösen in der Welt geworden war, öffnet sich mir in seiner lebendigen Vielschichtigkeit. Wir entdecken uns auf beiden Seiten als die Widerlegung alter Vorurteile.

---

* Aus meinem überwiegend autobiographischen Reise- und Abenteuerbuch *Good bye Onkel Sam. Amerika zwischen Cola und Revolte.* Weismann: München 1971

Meine Freunde sorgen dafür, daß ich die Absteige in Brooklyn verlasse. Ich wohne mal hier, mal dort, begegne einer Gastfreundschaft, wie sie bei uns kaum zu finden ist. Das, was in New York alltäglich ist, wird bei uns erst in den nächsten Jahren zur Lebensweise jener Szene werden, die gerade aus dem Mief der BRD auszusteigen beginnt.

Irgendwann hilft man mir, einen Job zu finden. Ich verdiene Geld und spare: Ich will in das riesige Land jenseits der Stadt vordringen, die eine Welt für sich ist und in der man sich doch manchmal wie eingeschlossen fühlt. Ich erwarte den Frühling.

In meinen arbeitsfreien Stunden lese ich in Bibliotheken, interviewe Leute, trage Material für meine Dissertation zusammen. Viele Abende verbringe ich in Schulungen und Diskussionsveranstaltungen – ich will lernen und begreifen. Fähig werden zu handeln. Manchmal sitze ich auch bis tief in die Nacht in den rauchigen Kneipen der Lower East Side oder des Village. Oder bin ruhelos unterwegs. Überall Aufbruchstimmung. The times they're changing – *Bob Dylan drückt wie wohl keiner sonst musikalisch aus, was uns bewegt.*

Der Krieg gegen Vietnam und der Kampf der Schwarzen gegen das Elend im eigenen Land rüttelt die Menschen auf. Ende November 1965 nahm ich teil am March on Washington. Wie friedlich, patriotisch und fromm der Widerstand daherspaziert – als sei die Gewalt nicht so amerikanisch wie apple pie *(mit diesem Vergleich wird H. Rap Brown wenig später das weiße Wespennest aufscheuchen). Und doch spürt man auch auf dem Rasen um das Weiße Haus, wie das, was LBJ & Co. in Vietnam anrichten, in alle Poren der Gesellschaft eindringt.*

Aus aktuellem Anlaß

Im zwanzigsten Jahr
des großen Krieges gegen ein kleines Volk
gelang es einem jungen Kämpfer,
die Schultern des müden Riesen zu ersteigen.
„Auch der Starke wird müde",
sagte der Junge,
„wenn der Schwache stark bleibt."

Wenn die Armeen des Starken nicht wissen,
wofür sie kämpfen,
sind sie schwach.
wenn aber der Schwache weiß,
wofür er kämpft,
ist er stark.

New York, ich hätte dort damals – wie vielleicht nur in Paris – leben können. Wenn auch mit hungrigem Magen (aber hatte ich nicht auch in Paris gehungert?), wachsamen Augen und dem sprungbereiten Körper eines Raubtieres in Feindesland. So kam ich durch – wenn auch manchmal meine Wunden leckend. Nie entspannt und doch nicht unglücklich. Ich würde mich nicht unterkriegen lassen. Ich wollte das Leben leben, das ich *mir aussuchte.*

Anrufung des Riesen

Große und mächtige Stadt,
die DU käuflich bist.
Stadt, die wir fürchten,
und die wir lieben,
eingeschlossen in deinen Mauern.
DU erzeugst uns und unseren Hunger
und die Liebe in deinen Betten
nach den fertigen Rezepten:

Give me a nickel, man!
Drop me a dime!
Or better maybe,
FUCK ME FREE!

Große und mächtige Stadt,
DU hast die Ausbeutung hinaufgetrieben
bis zur einhundertzweiten Etage
und viele Keller tief.
DU liegst da in Gold gefaßt und in Glas und Beton
und unter deinen funkelnden Augen,
in Pappkartons über warmen U-Bahnschächten
die stöhnenden Erbauer des Ganzen:

Give me a nickel, man!
Drop me a dime!
Or better maybe,
FUCK ME FREE!

Ich treibe mich rum, kann auch Wallstreet nicht auslassen. Fasziniert beobachte ich von der Besuchertribüne, was wert ist, durch uns den Todesstoß zu bekommen.

Alarm

Asche
über das Gemurmel der Weisen sich ausbreitet.
In ihren Mantel aus Kohlenschnee gehüllt,
rote Litzen und ein fröstelnder Papphelm,
eine Horde vereister Heilsarmee,
die in sich hineinspielt
auf ihrem Marsch
durch Börsentown.
Es murmelt Walt Whitman dazwischen –
Berufspoet im grünen Polarbart
unpassend wie immer
dennoch auf der Höhe der Nation.

...die Börse lebt,
unsere Börse,
Demokratie,
Liberté.
Profit.
Dank dir, Chase Manhattan!
Dank der Vernunft!
Dank! Dank! Dank!

Asche fällt.
Das Gemurmel der Weisen setzt aus.
Dann
elf Uhr achtundzwanzig:
Erholt! Erholt! Erholt!
Vom Schlag erholt!
Die Börse!

Dank der Börse!
Dank dem Boom!
Dank der Vernunft!
Dank! Dank! Dank!

Fette Damen treten zwischen die Ziffern,
die Lippen bestrichen
und im Korsett versteckt
den neuesten Börsenwitz.

Woge, Busen, woge.
Hallelujah!

Armee blase zum Sieg.
Einzigartiger, mächtiger Choral:
Let's fight a War!
Let's kill the Yellow!
Let's kill the Reds!
Let's kill the Spickschweins!
Kill!

Seht, wie die Asche fällt.
Vorwärts!
Die Börse singt:
Großer Krieg, wir loben dich.

Und behüte uns vor dem Frieden...

Abstoßendes steht schon damals an manchen Hauswänden, und daraus fügt sich bei einer meiner endlosen U-Bahnfahrten durch New York das folgende Gedicht:

THE SOAP POEM

BUY 7c OFF THE SOAP
OVEN CLEANER AT AUSCHWITZ
DIE THE DEAD
KILL THE LIVING
AND ALL COMMIES
THE SOAPMAN HANGETH
KNOW HOW TO SHIT
YOUR OVEN CLEANER IS HERE
PAUL IS NOWHERE
I LOVE C.
AND LIFE
NO GAS FOR AUSCHWITZ
NO GAS FOR

No gas for Auschwitz? Ich hoffe es – eine Garantie gibt es nicht. Wer sich da an den Wänden ausläßt, wartet nur auf seine Stunde... Ich versuche mich abzulenken, wühle mich durch die New York Times:

Zeitungsmeldung

Mister EX, wohnhaft 21846 Avenue U, Agent von Beruf bei OX & SONS, 768 Onehundredeightyfirst Street East, 45 Jahre, verheiratet, Vater zweier Söhne, pflichtbewußt und loyal, am Abend des achtundzwanzigsten Mai im Central Park von einer Polizeistreife festgenommen bei dem Versuch, einige rote Nelken aus öffentlichem Besitz in privaten umzuwandeln. Er verteidigte sich mit dem Hinweis, Romantiker zu sein.

Armer Mister EX,
der die Welt nicht versteht
und als gefährlich verdreht
in den Knast geschoben.

Der Richter: EX, gestehen Sie doch –
Sie wollten das Unkraut:
VERKAUFEN!

In jenem Winter wird die New Yorker Subway bestreikt. Hunderttausende sind plötzlich stundenlang frühmorgens oder am Abend in den kalten, verstopften Straßen der Stadt unterwegs. Und auch ich trotte so dahin auf dem Weg zur Arbeit oder nach Büroschluß, friere mir die Nase und die Ohren an und denke über den Streik nach:

Streik

Mike,
Arbeiter aus Brooklyn,
Ernährer einer Familie,
Verschuldet,
Der zur Arbeit gehen wollte auch an diesem Morgen,
Fand die Tore zur Subway geschlossen:
Es wurde gestreikt.

Wie ihm erging es vielen
An diesem Wintermorgen.
Gegen Mittag noch saß er zu Hause.
Es geht auch ohne mich,
Dachte er,
Das System, es ist alt zwar, doch dauerhaft und
Kämpft noch immer gegen uns
Um sich zu erhalten.

Mike,
Vater zweier Kinder, voller Sorgen
In seiner Wohnung in Brooklyn,
Dachte an das System, das ihn
Und die anderen überlebte,
Wenn sie
Es nicht zerstörten.

Ich schärfe mein Bewußtsein: Je schneidender die Theorie, desto größer die Chance, die verkommenen gesellschaftlichen Zustände praktisch aufzuheben. Nichts gilt mir mehr als diese Einsicht.

Meine politischen Positionen verhärten sich. Die korrekte Linie läßt – andernfalls wär's ja keine Linie – unausweichlich andere fehltreten und abstürzen. Und doch vermag ich kaum einmal die Verbindung zu diesen Menschen völlig abzuschneiden, wie das eigentlich gefordert ist. Nie gehe ich ganz in dem politischen Verein auf, zu dem es mich aufgrund theoretischer Einsichten treibt. Nie gebe ich ganz die Möglichkeit auf, wieder in die breite politische Bewegung zurückzukehren, mag ich auch unter ihrem Opportunismus und ihrer Begrenztheit leiden und mich nach der theoretischen und praktischen Eindeutigkeit der *revolutionären Organisation sehnen, der ich auf der Spur bin und die ich doch nicht finde. Ich bleibe ein Wanderer zwischen politischen Welten – und im nachhinein bin ich auch froh darüber, daß ich mich nie so unter Druck setzen ließ, alle Brücken hinter mir abzubrechen.*

Je länger ich mich in New York herumtreibe, desto stärker der Wunsch aufzubrechen. Irgendwann kommt C. aus Paris eingeflogen. Wir sind eine Zeitlang in New York zusammen und eines Tages im Schneesturm mit Freunden unterwegs nach Chicago. On the road. Aber auch unser revolutionäres Über-Ich ist dabei: In uns das schlechte Gewissen, gibt es doch Genossen, die sich – der Sache wegen – irgendwo in die reaktionärste Provinz in die Fabrik schicken lassen, während wir uns auf den Weg machen zu den weißen Stränden Yucatáns.

Aber ist denn schon endgültig entschieden, lassen wir zu unserer Beruhigung die anarchische Seite in uns zu Wort kommen, auf welchem Weg wir das revolutionäre Ziel erreichen? Dem der eiskalten Taktierer, die sich der Sache wegen selbst aufgeben? Oder dem der wilden Chaoten, die immer wieder aus- und aufbrechen, die das Leben in vollen Zügen genießen und das Ziel doch nicht aus den Augen verlieren? So klar habe ich damals die Alternative kaum auszusprechen gewagt. Allzu gewichtig klangen mir die Argumente der Verkünder der Dogmen. Allzu stark waren meine Skrupel. Die Verlockungen der hedonistischen Linken konsumierte ich eher wie einen Porno: heimlich. Aber es blieb – allen Skrupeln zum Trotz – nicht beim Wunsch. Möglichst unbemerkt entzogen wir uns immer wieder den Ansprüchen und gingen unsere eigenen Wege.

9

Highway 55

Im Blizzard streifen wir durch Chicago. Was da über den See aus Norden angetrieben wird, läßt das Blut gefrieren. Doch an dem Tag, an dem wir aufbrechen, hat der Wind gedreht. Milde Luft aus Süden läßt den Frühling ahnen. Tauwetter. Durch rußigen Schneematsch stapfen wir zum Highway. Nichts wie weg! Je weiter nach Süden wir vordringen, desto stärker die Ahnung vom Frühling. Doch die Herzen der Menschen sind aus Eis, und dies umso mehr, je wärmer das Land. Wir befinden uns in Feindesland, stehen endlos an vielspurigen Freeways, sehen Zehntausende von Wagen vorbeirasen und spüren nichts als Haß und Angst uns entgegenschlagen. Sie *meinen hier nicht nur die* Nigger – *sie meinen jeden, der* fremd *ist, jeden, der nicht zu ihrer verschworenen Gemeinschaft zählt. Und wie die* Nigger *treiben sie auch uns weiter, manchmal mit Pistole und Schrotflinte. Doch wir kommen durch, bleiben nicht – wie so manche Bürgerrechtler in jenen Jahren – auf der Strekke. Der Süden lehrt uns dennoch das Gruseln. Jahre später sehe ich einen inzwischen berühmten Film:* Easy Rider. *Wie da doch die eigene Geschichte wieder hochkam, die Geschichte einer Fahrt als Aussätziger durch ein Land, in dem jeder freie Gedanke, jedes äußere Zeichen von Verweigerung vogelfrei macht. Wie hoffnungslos dort jeder Versuch der Veränderung erschien, wie nur ein Gedanke noch Mut machte: daß auch jenes Land seine Grenzen hat.*

Die Ballade von Willie McGee

In Missisippi machten sie vor Jahren ein Gesetz,
Daß, wer mit der falschen Haut geboren war,
In diesem Land mit dem Tode zu bestrafen war.

Dies ist die Ballade von Willie McGee,
Verurteilt im Jahre 1945
Von einem Gericht in Missisippi,
Sechs Jahre den Tod erwartend,
Hingerichtet am 8. Mai 1951,
Weil seine Haut schwarz war.

Willie McGee, der als Soldat nach Frankreich kam
Im großen Krieg für Amerika,
Willie McGee, er liebte dort
Die Mädchen auch mit weißer Haut.

Ach, was ist denn schon dabei?

Willie McGee aus Amerika
Sei unser Gast in der Liebe doch.
Wir fragen nicht nach deiner Haut
In unserer Stadt Paris.

Warum sollten wir auch?

Als der Krieg zu Ende war,
Fuhr McGee nach Amerika
In den Staat im Süden, Mississippi,
In die kleine Stadt Laurel.

Armer McGee, warum gingst du fort?

Ich war im Krieg für Amerika,
Sagte in der Heimat McGee.
Bin ich darum nicht wie sie,
Die mit weißer Haut?

Nein, McGee, nicht in Amerika!

Willie McGee fand ein Mädchen dort,
Ein Mädchen war es mit weißer Haut.
Er sagte, Jenny, ich liebe Sie,
Da sah sie seine Haut und schrie.

Kennst du deine Heimat nicht mehr, Willie McGee?

Jenny, schrie er, so schweige doch
Bei deinem weißen Gott!
Errettet mich, so brüllte sie,
Vor diesem schwarzen Tier!

Flieh, Willie McGee!

Willie McGee versuchte zu fliehen noch,
Doch waren die Verfolger schon nah.
Die Blüte der Frauen hast geschändet du,
So fielen sie über ihn her.

Du bist verloren, McGee!

Er krümmte unter ihren Schlägen sich,
Den Stiefeln in seinem Leib.
Erst als er schon am Ende schien,
Traf ein die Polizei.

Sie hatte geduldig gewartet, McGee!

Es sprachen weiße Richter über ihn
Das Urteil ganz allein:
Du hast die Reinheit geschändet hier,
Du schwarzes Affentier.

Der elektrische Stuhl, McGee!

Sechs Jahre wartete McGee
In seiner Zelle ganz allein.
Es zauderten die Mörder noch
Mit dem legalen Mord.

Im Namen der Nation, McGee!

Am achten Mai, da erlegten sie
Den Nigger Willie McGee.
Am achten Mai, da errangen sie einst
In Europa den Sieg mit McGee.

Du hast den Krieg verloren, Willie McGee!

Eines Tages liegt der Tiefe Süden hinter uns, vor uns New Orleans in den Tagen des Mardi Gras. Wir tauchen ein in tropische Schwüle und spüren doch Kälte in uns. Von dumpfer Bösartigkeit die weiße Herrenrasse auch hier. Sie zelebriert sich mit Paraden und Salutschüssen, in Uniform und Gleichschritt, ein gefrorenes Lachen auf den grell geschminkten Lippen. Was für eine Perversion des Karneval, der ja mal Ausdruck von Lebensfreude war. Hier laufen schon die Dreijährigen mit ernsten Gesichtern und im Stechschritt daher. Schwarze sind schmückendes Beiwerk weißer Macht – fackelschwingende Clowns, denen man Münzen nachwirft und die zum Dank wie wilde Kinder tanzen. Je später der Abend desto wüster das Besäufnis im French Quarter, desto ausfälliger und bösartiger die weißen Herrenmenschen.

Die Schwarzen feiern abseits unter sich: Zulu Parade. Bunt, lärmend, chaotisch

– nur die blutrünstigen Polizeihunde und ihre schwerbewaffneten weißen Herren zeigen, daß auch hier besetztes Land ist: Preußen und Afrika in einer Stadt.

Wir treiben uns unter denen herum, die besondere polizeiliche Aufmerksamkeit finden – den wenigen, die sich noch an den Traum klammern, hier etwas zu verändern oder zumindest einigermaßen in Ruhe gelassen zu werden wie in New York oder San Francisco. Höhepunkt des Gespenstischen eine Anti-War-Demo von der Tulane University zum Shakespeare Park im subtropischen Dauerregen. Wie wilde Tiere werden wir angestarrt, leibhaftige Abgesandte des Bösen.

Abends dann im Quorum Club oder im Dream Castle, wo die letzten Bluessänger aus den großen Tagen des Blues auftreten. Alkoholverbot, damit wenigstens hier schwarz und weiß zusammen sein dürfen.

Wir atmen auf, als wir New Orleans hinter uns haben. Vor uns Texas, die riesige Provinz. Irgendwo inmitten der Rinderherden und der Hinterwäldler Houston, die Metropole. Über den zahllosen gleichen Häuschen mit den gleichgeschalteten Bewohnern ein paar in den Himmel hinaufstoßende Hochhäuser. Auch hier das beklemmende Gefühl, unter einer Käseglocke zu sitzen, dankbar sein zu müssen, nur Luft für die Maden im Speck zu sein und nicht deren Fraß.

Endlich die Grenze bei Laredo. Auf der anderen Seite des Rio Grande das große Aufatmen. Wie verschieden das Leben dort. Es erinnert an Bekanntes – das mediterrane Leben. Die Menschen sehen uns wieder an, sind neugierig. Nicht mehr jene unnahbaren Masken wie auf der nördlichen Seite des Flusses. Wir beginnen wieder zu lachen. Ein Alptraum liegt hinter uns. Wir sind wieder Menschen, nicht mehr nur Objekte des Hasses und der Angst.

Wir trampen nach Mexico City; tauchen ein in das stinkende, quirlige Chaos Stadt; können nicht genug bekommen von Helodes und Frijoles, Tacos und Tortillas, Tequila und Pulque, Pollo und Iguana, Platanos und Mangos; treiben durch Museen und Parks und menschenüberströmte Straßen; besuchen die steinernen Zeugen der von den Conquistadores dahingemetzelten Kulturen; suchen Trotzkis Festung, die ihn doch nicht vor dem Eispickel schützte, und stehen vor verschlossenen Türen. Wir sind unterwegs, bis wir nicht mehr können. Außerdem macht es müde, die Nächte auf dem harten Bahnhofsbeton zu verbringen.

Nach einigen Tagen wieder auf der Straße. Das Ziel ist die Stadt mit dem magischen Namen: Veracruz. Aus wievielen Filmen glauben wir sie zu kennen. Und kennen sie doch nicht, diese in feuchter Tropenhitze vor sich hinschimmelnde Hafenstadt.

Veracruz

Luis, Marihuanaschieber,
verschlafen im Rücksitz seines Oldsmobile,
Baujahr neunundvierzig:
der Profit steige erst in New York,
wenn ich ihn recht verstand.
Hier koste das Zeug nur einen Peso.
Ob ich es nicht versuchen wolle,
unter der Hand natürlich
von Freund zu Freund
(doch mit bösem Blick).
...in New York, lächelt er,
Preise sind das heute in der Welt!

Von Veracruz weiter nach Yucatán, ein Traum von Küste: weiße Sandstrände unter Kokospalmen, winzige Fischerdörfer, einladende Städtchen im spanischen Kolonialstil, die schmale, schlaglöchrige Straße immer wieder an Fährstationen endend. Vor uns jedesmal eine kurze Fahrt auf tiefblauem Meer.

Und doch trügt die Idylle. Eingebrannt in meine Erinnerung hat sich der Blick auf das Massaker an den Riesenschildkröten auf weißem Sandstrand, diese Barbarei für ein Paar Dosensuppen. Und selbst da, wo der flüchtige Blick nicht derart beunruhigt wird, offenbart sich beim genaueren Hinsehen nur allzu oft eine nicht weniger beunruhigende Wirklichkeit. Im Park von Tabasco in Villahermosa stehen wie Zaubergestalten die jahrhundertealten Steinköpfe von La Venta – Zeugnisse einer vergangenen Kultur. Und doch sind sie nicht zufällig dort, war es der Wille der mexikanischen Erdölgesellschaft Pemex, daß sie dort stehen als Beweis dafür, daß Profite edlen Zwecken dienen, während die Pemex das Land, in dem sie Jahrtausende standen, in ihrer Gier nach Erdöl verwüstet.

Cabezas

Böse, böse Köpfe
In Töpfe schön gepflanzt,
Im Park gibt's zu besuchen,
Für wenig Geld: Kultur.

Denn Pemex schafft Profite
Und manchmal böse Köpfe
In weit entfernte Töpfe
Aus Liebe zur Kultur.

PETROLEOS
MEXICANOS
AL SERVICIO DE LA PATRIA
ENTRONQUE SAN ROBERTO
SAN ROBERTO JUNCTION
SU RUTA CORTA A MEXICO Y A LA FRONTERA DE M
SHORTEST WAY TO MEXICO CITY AND U.S. THRU M
A MEXICO 739 Km
A Mc.ALI
MATEHUALA
SAN LUIS POTOSI
QUERETARO
LE ESPERAMOS POR LA
NUEVA RUTA DE REGRESO
LINARES
MONTEMORELOS
CHINA
REYNOSA
Mc.ALLEN
Ahorre Tiempo – Ahorre Kilometraje
VIAJE POR LA NUEVA RUTA CORTA
MONTERREY

Hinauf in die Nordspitze der Halbinsel. Mérida – gegründet 1542 durch Don Francisco de Montejo. Wie mit einem Skalpell in indianisches Leben geschnitten: die alte Mayasiedlung T'ho, die hier stand, gnadenlos der Endlösung zugeführt. Jetzt kann man sich im Herrschaftsstil mit Calesas (Kutschen) durch die Straßen kutschieren lassen, zu Fuß auf und ab flanieren oder auf der Plaza gegenüber der Kathedrale seinen Wein oder seinen Kaffee schlürfen, sich mit der reaktionären Provinzzeitung langweilen und den allgegenwärtigen Segnungen des Großen Bruders aus dem Norden hingeben:

Der cocabraune Pepsigott

Das Alte muß dem Neuen weichen
Pepsi kann an Gott jetzt reichen
Über seiner Kathedrale thront
Die cocabraune Flasche schon
In ihrem bunten Neonkleid
Es lebe hoch die neue Zeit

Coca Cola refresca mejor!

Pepsi schlägt die Stunde heute
Im Radio mit Lustgeläute
Coca Cola dröhnt die Stimme schon
Fünf Minuten nach dem Pepsiton

Coca Cola refresca mejor!

Keiner tut dem Herrgott weh
Coca links und Pepsi rechts
Vor der Kathedrale drohn
Bei jedem neuen Radioton

Coca Cola refresca mejor!

Aber nicht alles haben sie zerstört, die Herren Conquistadores. Wahrscheinlich war's ihnen nur zu beschwerlich. So weitsichtig, daß man die Überreste eines Tages gewinnträchtig vermarkten könnte, waren sie nicht, jene Herren, deren einzige Kultur die des Feuers und des Todes war, den Papst, den Gekreuzigten und die angeblich unbefleckte Maria im Rücken. So kommt es, daß auch wir noch die ver-

steinerten Zeugen zersörten Lebens zu sehen bekommen: Chichén Itzá, Uxmal, Kabah, Edzna. Und dann – jenseits Yucatáns – in den Regenwaldbergen von Chiapas, das nur mit Mühen für den Tourismus freigeschlagene Palenque, jene einzigartige Sammlung von Mayatempeln und -palästen, die der Urwald immer wieder aufs Neue zu überwuchern und in sein feuchtes Waldgrab zurückzuholen versucht.

Palenque

Palenque
Aus Rost und Blech und Regen
Ein Dorf unter dem schimmelgrünen Berg
Und sterbende Ruinen
Im Papageienwald
Über den Hütten.

Täglich ein Zug:
    No tiene hora.
    Pasa a las once, a las doce, a las una, a las dos...

Und Taxichauffeure
Die dir dein Geld stehlen:
Wir fahren für jeden Preis –
Für den höchsten.

    A las ruinas, Gringo?
    Camino muy malo.
    Cinquenta Pesos, Señor.
    No hay otro transporte.

Aus den Regenwaldbergen hinab an die Pazifikküste. Der Urwald wird abgebrannt – was bleibt, ist sterbendes Land, Wegwerfware. Bei Talisman Grenzübertritt nach Guatemala. In unserem Rucksack finden die Gorillas subversives Material: eine mexikanische Zeitschrift mit einem Artikel über Gutemala – über Folter und Völkermord und die Guerilla. Nur unser Schauspiel «No hablamos Español» beruhigt die Mißtrauischen schließlich ein wenig. Dann die Hauptstadt. In meinem Tagebuch steht – wie so oft – aus guten Gründen nichts. Ich erinnere mich: aufrührerische Plakate in der Universität, flammende Reden, schwerbewaffnetes Militär. „Nichts besonderes“, murmelt mir jemand zu, „unser Alltag. Ihr solltet aber ver-

schwinden." Nur wenige hundert Meter weiter erzählt mir ein Kanadier, wie pittoresk doch die Armut sei. Zehn Filme habe er schon verknipst. Zitadellen, die anderswo längst Museen sind, sind hier noch in Betrieb. Vor den verriegelten Eingangstoren hocken Frauen, tagelang oft, und warten auf eine Besuchserlaubnis. In einem Laden nebenan wird Häftlingsarbeit verhökert – der Staat verdient an seinen Opfern. Und der vielgehaßte Große Bruder aus dem Norden, er verdient hier noch mehr. So viel sogar, daß er seinen Abgesandten im Blue Guide to Beautiful Guatemala *empfehlen kann, als wahre Männer von Welt durch das von ihnen selbst produzierte Elend zu schreiten: "City clothing is a must while in the capital. Dark dress or suit is advisable for evening."*

Gedanken beim Besuch eines Museums

Dem von der United Fruit Company
in hochherziger Weise geförderten Bau
des Anthropologischen Museums von Guatemala

1

Man kann dem Gringo unterstellen,
er sei für Schönheit und auch für Kunst
(wenn auch in Maßen und nach dem Geschäft).

United Fruit
verspricht dem fremden Volk:
Ich gebe euch nicht nur Arbeit
sondern auch Kultur.
(Vom Hunger,
den sie stiftet,
schweigt sie).

Der Arbeiter aber denkt heimlich,
denn laut zu sprechen ist ihm verwehrt:
United Fruit,
du hast mir die Kraft genommen bei der Bananenernte.
Sechzig Stunden in der Woche
(und noch immer hungrig),
das ist zu viel:
Ich mag deine Museen nicht!
Ihr habt sie gebaut in der Hauptstadt,

mir aber nicht gegeben das Geld,
den Bus zu bezahlen,
der mich dorthin fährt.
So sind es deine Museen, Yankee,
nicht meine!

2

Was geschieht nicht in Guatemala
zum Wohl der Bananen?
Sie reifen in reichen Böden,
sorgsam gepflegt und geerntet, zum Schlafe gebettet in sauberen Kisten
die lange Fahrt hinauf in den Norden,
gekühlt oder gewärmt,
wie sie es wünschen,
ihre Gesundheit geprüft und garantiert.

(Ach, Indiomutter, dein Leid wird nicht geprüft!)

Aber
auf die Wände der Bananenwaggons
schrieb eines Tages eine unbekannte Hand:
GRINGO,
WHERE WILL YOU SEND YOUR POSTCARD FROM TOMORROW
WHEN WE THROW YOU OUT
TONIGHT?

Wenige Tage später in San Salvador. In meiner Erinnerung kaum mehr als jene Kundgebung, in die wir unvermutet gerieten: Plötzlich strömen Tausende von Menschen zusammen, aus der Menge taucht ein Redner auf, hält eine aufpeitschende Rede. Wir verstehen nur Bruchstücke, dann Beifall, der Redner springt in die Menschenmenge zurück, und in Windeseile ist alles mit ihm auf und davon. Wir stehen verdutzt auf dem Platz, schauen dem Spektakel noch nach, da zerrt uns einer am Arm, zieht uns mit. Auf und davon, bevor die Gorillas da sind.

In San Salvador drehen wir um. Die Länder weiter südlich: Honduras und Nicaragua – der gleiche Alptraum. Zurück nach Guatemala. Was für ein Rassismus. „Die Menschen in unserem Land wollen nicht arbeiten", erklären die, die uns aus der Kumpanei der Rassisten heraus einladen. Ich fühle mich wie in Afrika – nur daß hier vor allem die Indios gemeint sind. „Was soll man auch mit neunzig Prozent Analphabeten? Was wir brauchen, ist eine starke Militärherrschaft. Wir brauchen Ordnung. Demokratie ist etwas für ein reifes Volk", sagt der, der es – der weißen Haut sei's gedankt – zu etwas gebracht hat. Und seine Frau fügt hinzu, daß nur die Schwarzen noch mehr stinken als die Leute hier. „Wie die Affen kommen die Indianer aus den Bergen."

In Mexiko manifestiert sich der Rassismus auf subtilere Weise. Rassen- und Klassengrenzen sind weniger offen identisch, Indios und Latinos stärker vermischt. Die Revolution hat – so widersprüchlich auch immer – Spuren hinterlassen. Eine bizarre Mischung aus hohlem Revolutionspathos und realer Korruption beherrscht das Land. Die Revolution wird farbenfroh auf Mauern gemalt; hinter den Mauern aber blüht die Kumpanei mit Kirche und Kapital. Die Herrscher Mexikos sind Meister in der Kunst, eine verkommene Gegenwart mit einer heroischen Vergangenheit zu verkleistern.

Auch Mexiko ist kein Land, die Augen vor der Wirklichkeit zu verschließen. Mögen sich auch noch so viele dort herumtreiben und davon träumen.

Buddha Go Home!

1

Die Augen träge,
schläfrige Pupillen.
In die Sonne gestellt das Hotel.
Maguey in destillierter Form.
Die Mezcalspieler,
Herren über leere Träume.
Pulqueaugen,
Schnapsfahnen in der Mittagsglut,
grüne Keulen, Schwerter, blaue Dolche,
Könige und Kurtisanen,
Herrscher im Kartenreich.
Das ist Quiroga.

2

Gringo soupiert im Maya-Inn
beim Klang falscher Marimbamusik.
Fremder, beobachte dich,
wenn du zum Markt gehst:
Sie betrügen dich heute,
wie sie es einst von dir gelernt.

Ein Dorf,
für die Welt entdeckt am Ende der Straßen.
Aguardiente,
eine Flasche gegen den Rausch der Verzweiflung.
(Und wenn das nicht genügt – Äthertabletten.)
Das ist Chichicastenango,
Dorf in den Bergen,

3

Träumer in Chapala
aus New York oder Berkely
auf der Flucht.
Laß meine Welt die Welt sein.
Die andere:
Hunger, Elend, Aufstand und Terror
aber vergessen
unter dem Klang meiner Guitarre.

Armer Beat-Buddha,
wurzelnd in der Weisheit des Ying und des Yang
und der Naivität...
Why did Buddha go to Yellowstone
or to Mexico?

Buddha go Home!
Stop War!
Schreie deinen Protest über das Land.
Habe den Mut zum Widerstand.

Glaube nicht,
du könntest der Wirklichkeit entkommen.

1. Mai 1966

Nach Hunderten von Kilometern durch fast menschenleere Küstensteppe gestern abend in Mazatlán, der Hafen- und Badestadt wenige Kilometer unterhalb des Wendekreises des Krebses. Ein kalter, roter Sonnenuntergang über dem Pazifik. C. wird auf der Uferpromenade von einem Skorpion gestochen. Bis Mitternacht im Hospital.

Heute morgen: großer Maiaufmarsch, ganz vorn die Fanta-Musik, die

Honoratioren der Stadt, der Einheitsparteivorsitzende, der Polizeichef und der Garnisonsboß, dahinter in Reih und Glied und im Einheitsdress die Einheitsgewerkschafter, sauber und adrett gekleidet und alle unter einer einzigen Losung: ewiges Gedenken den Märtyrern von 1866, als ob diese hohen Herren etwas mit den ermordeten Anarchisten vom Haymarket gemeinsam hätten... Über das eigene Land hat das Establishment nichts zu sagen. Das erledigt der bunte, zerlumpte, chaotische Haufen, der dem offiziellen Zug mit einigem Abstand folgt: auf einem uralten Auto ein röchelnder Lautsprecher, dahinter der wilde Aufzug unter selbstgemalten Pappschildern. Bärtige im Castro-Look heizen die Stimmung an: «Huelga – Viva!» – «Yanqui fuera Vietnam!» Mexiko duldet zumindest – wenn auch in Maßen –, was südlich der Grenze mit Folter und Mord verfolgt wird. Den Gringos am Straßenrand aber ist selbst dieses bißchen Liberalität schon zu viel: „Alles Commies in Mexiko."

An einem sonnigen Tag überqueren wir in Nogales die Grenze zum Großen Bruder. Jenseits der Schranke sind wir wieder die Aussätzigen. Aus glänzenden Blechsärgen starren uns die Herren der Welt bösartig an, wenn sie nicht vorgeben, durch uns hindurchzusehen, als seien wir Luft. Gewaltphantasien steigen in uns auf. Wir träumen von Handgranaten und Maschinenpistolen in unseren Händen oder daß die Schweine an der nächsten Betonmauer zerschellen. Doch nichts geschieht ihnen. Ohnmächtig schreien wir unsere Flüche hinter ihnen her, die sie nicht einmal hören und doch mit dicken Abgasschwaden beantworten.

Meinen Stolz kriegen sie dennoch nicht klein. Ich werde es ihnen zeigen. So viel Haß in mir. Und noch immer so viel Neugierde. Ich will mein Ziel erreichen, koste es, was es wolle. Mehr und mehr beginnt C. unter meiner Ruhelosigkeit zu leiden. Sie möchte bleiben, sich Zeit nehmen, nicht von Ort zu Ort hetzen. Ich aber treibe weiter. Mich nervt dieser Zustand des Nicht-Mehr-Und-Doch-Noch-Student-Sein. Ich will mich endlich in etwas anderem als in diesem langweiligen Studium verwirklichen, das ich innerlich längst hinter mir habe und in dem ich doch noch stecke. Und da ich diesen Weg zu Ende gehen will, hetze ich mich und C. vorwärts – taub für ihr Leiden an meinem Getriebensein. Die Feindseligkeit der Menschen, auf die wir angewiesen sind um weiterzukommen, tut noch ein Übriges, mich zu verhärten. Erst viel später werde ich einsehen, daß mich am Ziel, dem ich so nachjagte, nichts erwartete. Die Zeit, die ich gewann, war verlorene Zeit, ausgelöscht aus der Erinnerung.

War es nicht in Wirklichkeit das Ziel, unterwegs zu sein? Ich lebte das Leben der Rebellen und benahm mich doch so, als jagte ich dem nach, was ich längst hinter mir wähnte: der trügerischen Sicherheit eines bürgerlichen Lebens am Ende der langen Straßen.

So stehen wir da an den heißen Asphaltbändern Arizonas, fluchen und hoffen.

Gemeinsam und doch schon auseinandertreibend. Irgendwann erbarmt sich unser einer dieser weißen Herrenmenschen. Er zeigt uns sein *Land. Durch die Gila River Indian Reservation fährt er uns wie durch einen Zoo: "They're living like animals, they don't want to work their fields, they just live on the money the government gives them." Hat der weiße Mann da nicht ein gottgefälliges Werk getan, derart minderwertigen Lebewesen das Land zu nehmen, um es zu entwickeln? sprechen seine Augen ohne eine Spur von Selbstzweifel.*

An einer einsamen Kreuzung vor Cameron, mitten in der Wüste, nur noch wenige Kilometer vom Colorado River entfernt, hält kurz vor Sonnenuntergang ein rostiger, schwer beladener Straßenkreuzer mit fremdem Kennzeichen. Am Steuer einer wie wir, aufgebrochen im Osten des Kontinents, auf der Suche nach der Einsamkeit der Berge und Wüsten des Westens, ein Mensch auf der Flucht vor den Menschen. In den Städten symbolisiert sich für ihn der Untergang: "They're all lost." Die Einsamkeit ist sein Ziel. Er hat Platz in seinem Wagen, lädt uns ein, mit ihm zu fahren. Wir spüren Nähe, so unterschiedlich wir auch sind. Und so fahren wir gemeinsam weiter durch herrliches Land, das in die Hände der weißen Teufel gefallen ist. Die Zerstörung ist schon tausendfach sichtbar, nicht weniger aber auch noch die Schönheit. Wir erleben mit A., was wir sonst kaum erleben würden: eiskalte Nächte im Schnee über dem Grand Canyon, die Wüsten des Südwestens, die in sich ruhenden Steintempel des Zion National Park, die bizarren Zaubertürme und Steinwirbel des Bryce National Park, verlassene Minenstädte zwischen Kakteen und Sandsteinfelsen, rote Sanddünen und bunte Felsdome. Und kurz vor Las Vegas das Valley of Fire, wo noch auf dem Grund des Coyote Canyon die Überreste der letzten Westernschlacht liegen, abgedreht für die Traumfabrik Hollywood. So viele Bilder, die sich in mir festsetzen.

10. Mai 1966

Las Vegas. Das Babylon des Westens unter einem giftgrünen Himmel. High Noon. Tausende von Menschen hängen in riesigen, halbdunklen Saloons – wie von unsichtbaren Ketten gefesselt – an den einarmigen Banditen. Die Straßen sind fast menschenleer, die Spieler haben ihren Platz gefunden. Wie irr tanzen die Neonkugeln unter dem Gifthimmel. Nur kurz sind wir da. A. – auf der Flucht vor der Stadt – erträgt es nicht: "Look at this. How humanity is hopeless." Haß und Angst verwandeln ihn in ein hilfloses Bündel von Nervosität und Aggression. Dieses Land produziert seine Opfer in zahllosen Formen: die einen aufgesaugt und zerstört, die anderen abgestoßen und nicht weniger zerstört. Mögen sie fliehen, wohin sie auch wollen, die Wirklichkeit holt sie doch immer wieder ein.

Tiefflieger im Anflug auf Babylon. Am Stadtrand riesige Hinweisschilder: *Las Vegas Bombing and Gunnery Range.* Hier übt die Air Force für Vietnam. Tod und Vernichtung im Anflug auf Babylon. Man braucht Phantasie um sich einzureden, daß hier nur für den Ernstfall geprobt wird. Der Ernstfall findet zehntausend Kilometer weiter statt. Ernst ist es hier nichtsdestotrotz.

Endlich wieder in freier Natur. Neue Wegweiser: *Nuclear Rocket Defense Stations.* Warnungen vor verseuchtem Gebiet. Die Wüste strahlt. Hier wird der Weltuntergang getestet. Welche Dosis treibt gerade über den Highway, krallt sich in uns fest? Dieser verdammte blaue Himmel. Als sei das alles nicht wahr, nichts als ein böser Traum. Vor hundert Jahren erst schleppten sich die ersten Weißen hier durch, verdurstend und verhungernd und am Ende ihrer Kräfte. Nur hundert Jahre haben sie benötigt, das hier fertigzubringen. Welch einmalige mörderische Energie.

Death Valley. *Sich vorzustellen, hier anzukommen wie damals die ersten Weißen. Ohne Teerstraße als Fluchtweg. Nichts als verdurstende Ochsen, um einen ins Unbekannte weiterzuziehen...*

Die Bergketten der Rocky Mountains hinauf und hinunter und dann vor uns die Ebene Kaliforniens, der Traum der weißen Teufel. Bakersfield im Smog. Zahllose Bohrtürme auf gelben, ausgedörrten Grashügeln. Boomland. Durch riesige Oliven-, Wein- und Orangenplantagen – ein Hauch von mediterraner Kultur in den Händen der großen Trusts. Fasziniert starre ich die Wahlplakate entlang der Highways an: Kandidat wird nur, wer unter einem breiten Cowboyhut ein echtes Gangstergesicht zur Schau stellt. Hier zeigen die Politiker noch ungeniert, wer sie sind.

Sequoia National Park. *Die ältesten Lebewesen auf Erden, verkündet der Prospekt – und der Mensch, dieser Winzling dennoch der stärkere? Wie empfindlich die Riesen sind: Menschen, die ihnen achtlos auf die Wurzeln treten, können sie schon gefährden. Respekt vor der Natur ist hier Programm. Ob das Waldsterben inzwischen auch diese jahrtausendealten Bäume erreicht hat, die atomaren Strahlen ihr Zerstörungswerk begonnen haben? Damals belüge ich mich noch, verdränge unter den Sequoias den Gedanken an die strahlenden Wüsten Nevadas und an das, was von dort über das Land weht.*

Yosemite National Park. *Wir trennen uns vorübergehend von A. Er will in den Wäldern bleiben, wir wollen in die Städte: Berkeley, San Francisco und Los Angeles. Wir fühlen uns nicht auf der Flucht, wollen eingreifen, verändern, mitmachen.*

Berkeley. *Zurück in das politische Leben. Da demonstrieren die Homosexuellen und die Philanthropen, agitieren clevere Demokraten mit linken Phrasen, versucht Bettina Aptheker unermüdlich, die KP der USA hoffähig zu machen, buhlen Trotzkisten und Maoisten um die studentischen Massen, die sich schon längst wieder zurückziehen: Die Bewegung von Berkeley, die so viel auslöste, liegt an ihrer Geburtsstätte in den letzten Zügen. Wo vor einem Jahr noch 30000 am Vietnam Day auf dem Campus zusammenströmten, sind es jetzt vielleicht noch 3000, mö-*

gen da auch Symbolfiguren der Bewegung auftreten wie Hal Draper, Paul Sweezy oder das eigens aus London eingeflogene Lenin-Double Isaac Deutscher. Wir fühlen uns dennoch wie Fische im Wasser, treiben ja nicht nur auf dem abebbenden Strom der Bewegung, sondern haben unseren festen Halt: den illustren trotzkistischen Zirkel, aus dem es sich so gut über den Rest der Welt herziehen läßt.

Wir besuchen San Francisco auf der anderen Seite der Bay und trampen runter nach Los Angeles in das Labyrinth der autogerechten, an sich selbst erstickenden Stadt, laufen in Hollywood umher, demonstrieren vor dem Zaun des Napalmproduzenten Dow Chemical und suchen die Spuren des alten Venice: die Beatniks sind vertrieben, die Kaffeehäuser und die Marihuanaumschlagplätze geschlossen, die Gegend tote Hose. Eine Ex-Beat-Kneipe ist Fascho-Zentrum: Marschmusik, Luftwaffen-Poster, Sieg Heil-Rufe und Lobpreisungen der tapferen Boys in Vietnam. Mißtrauisch starren uns zackige Gestalten an.

Die Zeit im Süden geht endgültig zu Ende. An den Highways nach Norden stehen wir uns die Beine in den Bauch. In Oregon sind wir mit A. verabredet. Gemeinsam fahren wir durch herbe Bergwelt hinauf in den Schnee des Crater Lake. Nie fort von hier, denke ich angesichts der Schönheit des Sees, und doch bleiben wir auch da nur kurze Zeit. Wie ein nicht endenwollender Film zieht dieses Land an mir vorüber. Abschied von A. Für wenige Tage überqueren wir die Grenze und fahren nach Vancouver, Kanadas Tor zum Pazifik. Von dort wieder zurück in den Nordwesten der USA. Die lange Fahrt quer über den Kontinent beginnt. Tiefstes Hinterland. Wie unter einer Käseglocke leben hier die Menschen, mag die Weite und Offenheit des Landes auch ein ganz anderes Bewußtsein nahelegen.

Immer wieder Zeugnisse hemmungsloser Ausplünderung und Zerstörung: Verlassene Minenstädte, verfallene Dörfer, aufgelassene Felder, wilde Müllkippen, verrottende Fabrikstädte. Nichts als Wegwerfware, nichts von Bestand.

Hin und wieder Überreste bewahrter Natur, doch nicht zum Nulltarif. Yellowstone – *das faszinierende Schauspiel der Feuer und Schwefel speienden Erde. Die* Grand Tetons – *drei mächtige schneebedeckte Vulkanbrüste über dem Jackson Lake. Nichts davon selbstlos bewahrt – auch die unberührte Natur profitabel verwertet. An den Einlaßpforten zur Natur Hippies, Jesusfreaks, Zen-Fans, Studenten, die für einen Hungerlohn in den Bars und Restaurants jobben – alle geduckt im sommerlichen Schneesturm.*

26. Juni 1966

Den gestrigen Tag sprangen wir zitternd vor Kälte an menschenleeren Highways herum. Irgendwann gegen Abend stoppte endlich ein Typ aus Tennessee, besessen von Sex und Drogen, der dann auch prompt in den Bordellen und Bars von Billings versackte. Nach einigen Whiskys in irgendwelchen Kaschemmen verkrochen wir uns für den Rest der Nacht auf dem Truck und versuchten, im Lärm des Viertels zu schlafen.

Heute ist mein Geburtstag. Was für ein erbärmlicher Tag. Irgendwann sind wir das Warten auf den versumpften Typ leid, klettern aus dem LKW und stellen uns, zu müde zum Weiterlaufen, mitten im Puffviertel auf und strecken unsere Daumen raus. Nach Stunden erbarmt sich unser der lokale Heilsarmeechef und verfrachtet uns vor die Stadt. Mexikanische Wanderarbeiter sammeln uns dort auf und nehmen uns nach Hardin mit, ein von Indianern und Mexikanern bewohntes Kaff nahe der Stätte, wo der Conquistador Custer vor neunzig Jahren von den Indianern vernichtend geschlagen wurde – ein letzter Sieg der Indianer, der das Verhängnis auch nicht zu stoppen vermochte.

Frierend stehen wir am Stadtrand von Hardin und versuchen weiterzukommen. Ein Trailer will uns schließlich bis Rapid City mitnehmen, doch schon in Sheridan bricht er zusammen. Und wieder geht die Warterei los. Was für ein Geburtstag. Nicht mal ein Stück Kuchen. Und keinen Schluck Wein. Nur einen Hamburger, weich wie Pudding, der noch hungriger macht. Ich werde dürrer und dürrer und erwecke offensichtlich noch immer kein Mitleid.

So ähnlich ist es Tag für Tag. Auf die Berge folgen die Prärien des Mittleren Westens. Zumindest warm ist es wieder, und der Schnee und der Regen liegen hinter uns. Wie ein Schwamm versuche ich, alles in mich aufzunehmen und bleibe doch eine undurchdringliche Festung. In ihrer Verzweiflung schreibt C. eines Tages unbemerkt in mein Tagebuch:

„Pläne, Pläne, Pläne, Pläne. V. zeichnet Pläne: rote, schwarze und blaue sogar, mit kleinen Zeichnungen verziert. Es lebe der Plan! Was täten wir ohne Plan? Ganz zu schweigen von den Fünfjahresplänen. Obwohl ich dem Plan nicht entspreche, folge ich doch seinem Plan. Was wäre das Leben ohne Plan!"

Ich höre das Signal nicht. Will nicht wahrhaben, wie C. an der Starrheit meiner Pläne und der Unwirtlichkeit des Landes zu zerbrechen beginnt. Die letzten Wochen der Reise werden zum Alptraum. Wir fahren am Oberen See entlang noch einmal nach Kanada, durchqueren Toronto zur Rush-Hour, absolvieren den Pflichtbesuch an den Niagara Falls, stoppen in Montreal und schnuppern am französischen Flair von Quebec.

Zurück in die USA. Bei Belfast im Bundesstaat Maine, dem Atlantik ganz nahe, stehen wir Nachts an einem leeren Highway in Kälte und dichtem Nebel unter einer Autobahnbrücke. C. bricht zitternd und heulend zusammen. Nichts vermag sie zu beruhigen. Irgendwann kommt ein Streifenwagen vorbei und fährt uns in ein Krankenhaus nach Belfast. C. bekommt eine Beruhigungsspritze, genießt die Wärme und Geborgenheit der Klinik, findet ein wenig zu sich.

Doch bleiben können wir nicht. Das Geld ist alle, der Hunger treibt uns vorwärts. Nur noch wenige hundert Kilometer bis New York, Freunde erwarten uns dort.

Ankunft in New York bei Nacht. Die Menschen haben ihre heißen, stickigen Wohnungen verlassen und sind auf den Straßen. Noch ist hier Sommer. Über der Stadt liegt eine dichte Glocke aus Hitze und Dreck. Kein frischer Luftzug steigt hinab in die Straßenschluchten. Wir rollen langsam durch Harlem. Afrika in New York. Heiße Rhythmen dringen ins Wageninnere. Lachen und laute Stimmen. Grell heulen die Sirenen der Streifenwagen dazwischen. Irgendwo gehen ein paar Betrunkene aufeinander los. Kinder winken uns fröhlich zu. An der Ampel schreit eine Frau ihren zugekifften Typ an. In den Hauseingängen sitzen alte Frauen und schälen Kartoffeln oder kämmen den Kindern die Haare. Heimgekehrt in die Stadt, in der ich mich zu Hause fühle.

Nicht nur die Fahrt – Traum und Alptraum zugleich – ist zu Ende, auch die Beziehung zwischen C. und mir. Wir gehen uns aus dem Weg. Was hinter uns liegt, läßt sich weder abschütteln noch klären. Vielleicht brauchten wir Zeit, doch die geben wir uns nicht. C. lebt schon bald mit einem unserer Freunde. Und auch ich tue ähnliches, begegne J., Afro-Amerikanerin, verliebe mich Hals über Kopf in sie und ziehe zu ihr. Wir wohnen am Rande von Harlem. Manchmal sehe ich auch noch C. Sie hat sich weniger von mir gelöst als ich mich von ihr. Ich kann mich ihr nicht mehr öffnen. Da ist etwas zu Ende; wie ein Igel begegne ich ihr. Wenn sie fragt, weiß ich wenig zu antworten. Zu viele Monate bin ich schon innerlich meine eigenen Wege gegangen. Und jetzt ist da J., mit der alles so ganz anders werden soll: In diesen Zeiten, in denen wir ansetzen, die Welt zu verändern, werden wir doch wohl in der Lage sein, unseren Beziehungen eine neue Qualität zu geben...

Der Herbst beginnt in New York. Ich gebe mich dem Leben mit J. hin. Wir hängen aneinander im Wissen, daß unsere Zeit begrenzt ist. Wenn J. zur Arbeit geht, ziehe ich durch die Stadt, wühle in Bibliotheken oder jobbe, um etwas Geld zu verdienen. Nichts gefällt mir mehr als die Aushilfsarbeit in einem Kindergarten in Harlem. Vor allem aber werde ich von der Zentrale auf meine revolutionären Aufgaben daheim vorbereitet: den deutschen Ableger der kommenden Weltpartei aufzubauen. Nicht mehr und nicht weniger.

10

Leben in der Revolte

Die ersten Tage daheim. An einem trüben Herbsttag landet die Maschine in Luxemburg. Wir fahren mit dem Bus durch kleine Eifeldörfer. Wie winzig alles wirkt, wie sauber und geordnet und anheimelnd. Doch der Schein trügt. Unter der Oberfläche rumort es. Nicht alle sind endgültig abgespeist mit Wohlstandsfraß und stickigen Einfamilienhäusern. Doch in welche Richtung die Unzufriedenheit sich wenden wird, ist noch nicht ausgemacht. Diese Enge – nicht nur draußen, sondern auch in den Köpfen der Leute. Und überall Kneipen, die Freiheit versprechen und doch nur das Hirn vernebeln und böse Gedanken gebären. „Ja, beim Adolf, da wäre alles anders..."

Nein, wenig Gutes verspricht dieses Land. Wie die Preise seit einem Jahr gestiegen sind. Und die Zahl der Arbeitslosen. Die erste handfeste Krise des Wirtschaftswunderlandes. Unsere ökonomischen Analysen, stelle ich nicht ohne Befriedigung fest, sind also richtig: kein Kapitalismus ohne Krisen, auch nicht in der BRD. Und schon kriechen CDU und SPD ins gemeinsame Bett, um für noch größere Krisen die notwendigen Vorkehrungen zu treffen: die Notstandsgesetze – die legale Abschaffung der bürgerlichen Demokratie – grundgesetzlich zu verankern. In einem Eifelbunker üben bereits Parlament und Regierung den Notstand. Was für Zeiten!

6. November 1966

Die Vergangenheit hat mich wieder. „Sieht aus, als wenn er aus Vietnam käme, der Junge", sagten sie vor wenigen Tagen auf der großen Familienfeier und meinten mich, den Ausgehungerten und Erschöpften, dem jetzt ein Bärtchen über der Oberlippe wächst. Was für ein Ereignis, dieses Bärtchen. „Deine schöne, herzförmige Oberlippe", jammert meine Mutter. „Warum muß du dich so verschandeln?" Und dann wieder die Klagen, wie verhungert ich aussehe. Aber ich war nicht in Vietnam, ich habe mich in der Zitadelle der Macht herumgetrieben. Doch das beruhigt keineswegs. „...so ein olles Negerweib kommt mir nicht ins Haus. Die schmeiß ich eigenhändig wieder raus...", sagt meine Mutter ahnungsvoll. Mein Vater aber nimmt sich die Arbeitslosen vor: „...die gibt es immer, die finden immer zusammen, von Harlem bis Hannover." Und ein Freund des Hauses ergänzt: „Eine gesunde Wirtschaft braucht eine Million Arbeitslose."

Es ist, als sei ich gerade fünf Minuten weggewesen: die Wohnung, die Menschen, die Sprache, das Denken – alles unverändert. Das Drama des erstickenden Lebens. Was freigegeben wird, ist der Blick in die Vergangenheit. Sie sprechen anerkennend über Verwandte, die als einzige im Dorf freiwillig an die Haustür schrieben: „Hier sind Juden unerwünscht." Sie schätzen die Freunde, die in ihrem Reitstall eine Tafel aufgehängt haben: „Name des Pferdes: FRÖHLICH. Name des Vaters: FASCHIST." Sie reden über gestern, als sei es heute, und wenn sie beim Bier sitzen, geht die

Stöhnerei los: „Ach, was ist aus Deutschland geworden. Alles wird in den Schmutz gezogen." Als ob man in diesem Land überhaupt genug in den Schmutz ziehen könnte...

8. November 1966

Zurück in München. Wie sehr ich mich freue auf die Kreise der Aufsässigen. Der SDS zieht nicht mehr von Kneipe zu Kneipe, er hat, während ich unterwegs war, ein Haus in der Knorrstraße angemietet. Mitgliederversammlung. Was für ein undisziplinierter Schwatzverein. Wie wirklichkeitsfremd viele daherreden. Alles, was an Ort und Stelle fehlt, wird in der Ferne gesucht: Vietnam, China, Kuba... Ein Arbeitskreis Volkskrieg ist in Planung, in dem die Chinesen als das höchste Stadium des Marxismus erkannt werden sollen. Auf der letzten SDS-Delegiertenkonferenz wurde, wie man mir strahlend erzählt, die Kulturrevolution voll und ganz unterstützt. Nichts gehe über die Roten Garden. Leuchten in den Augen der Genossen.

Wie unwohl ich mich oft als Wanderer zwischen den politischen Welten fühlte. Ich sollte das bundesrepublikanische Aushängeschildchen einer sich im Besitz der einzig korrekten Linie wähnenden Miniparteien mit weltrevolutionärem Anspruch werden. Schon der Name der Organisation war Programm, berief sich auf eine große Tradition – den Spartakusbund Rosa Luxemburgs und Karl Liebknechts, versprach das Beste vom Besten. Und so traten die Genossen – von Genossinnen war noch nicht die Rede, wenn's um Politik und nicht ums Bett ging – auch auf: als Hüter der reinen Lehre. Gegen zwei Erzfeinde war sie unerbittlich zu verteidigen. Der eine war der Stalinismus; der andere der Pablismus *– das Gift der Konterrevolution in den Reihen der Aufrechten, dem alle Gruppen außer der eigenen zum Opfer gefallen waren. Und selbst in der eigenen Organisation mußte man auf der Hut sein; auch da konnten harte Genossen schmelzen und den süßen Verlockungen des Pablismus erliegen.*

Welch eine Genugtuung, als ich eines Tages jenem Michel Pablo, der mit seinem Abweichlertum das Erblühen eines neuen -ismus ermöglicht hatte, auf einer internationalen Konferenz als Sprachrohr der wahren Botschaft gegenübersaß, um ihn lautstark zu entlarven. Was für eine Lust doch das Entlarven *war – wie von ihrer Mission besessene Insektenjäger war wir hinter unseren Opfern her. Daß jener Pablo höflich schwieg – er hatte uns schließlich eingeladen und uns auf klandestinen Wegen an einen klandestinen Ort schleusen lassen – bestätigte mich nur...*

Wir machten als Lehre aus zahllosen prinzipienfesten Spaltungen in unserer Kritik vor nichts halt (außer vor Selbstkritik). Unsere Analysen ergaben, daß nationale Befreiungsbewegungen wie in Vietnam oder China von ihrer Klassenzusammensetzung wie von ihren Zielen her kleinbürgerlich waren und nur neue

Herrschaftsverhältnisse hervorbringen konnten, nicht aber die Grundlagen einer sozialistischen Weltgesellschaft, die das Werk der Arbeiterklasse, ausgehend von den Metropolen, sein würde. Wir standen damit in schroffem Gegensatz zu anderen, als „pablistisch" entlarvten Strömungen des Trotzkismus.

Erbittert wurde der Kampf zwischen den Gruppen ausgetragen – und das auch international. Nie gelang es, dem ersehnten Ziel der Verschmelzung nationaler Organisationen zur Weltpartei näherzukommen. Keiner der großen Vorsitzenden, die innerhalb ihrer Organisation unumschränkt an der Spitze standen, wollte auf dem Umweg über eine internationale Vereinigung an Macht verlieren. Und Anlässe, internationale Vereinigungen platzen zu lassen, gab's genug. Selbst das unwiderstehliche Schlafbedürfnis unseres Großen Vorsitzenden, der morgens nicht aus dem Bett kam und zu keiner Entschuldigung gegenüber den Frühaufsteher-Chiefs bereit war, reichte aus, einen mit großen Hoffnungen besetzten Start einer neuen Weltpartei kläglich scheitern zu lassen.

In der Zentrale herrschte eine beklemmende Atmosphäre. Alles war Machtkampf. Mini-Stalins waren da gegeneinander angetreten, die niemanden mehr haßten als Stalin und die ihn doch kopierten; neurotische Exegeten der Schriften Trotzkis, die fähig waren, alles so zu drehen, wie sie es gerade brauchten. Ich begann den inneren Belagerungszustand und die äußere Isolation zu fürchten. Ich war nicht bereit, mich in ein Einmachglas sperren zu lassen und versuchte, Distanz gegenüber denen zu halten, die mich mit Haut und Haaren zum Anhängsel der Organisation machen wollten. „Eine ‚harte' Linie", schrieb mir später P., der Freund, „mag sehr beeindruckend sein für das Ego, doch all die, die sich da plötzlich als Verräter, Bastarde usw. wiederfinden, werden angeekelt sein – bestenfalls amüsiert."

Ich war entschlossen, weiterhin auch Teil der anti-autoritären Bewegung zu bleiben. Doch das wurde mir oft sehr schwer gemacht. Nicht nur durch den Druck derer, die meine Selbstauflösung in der trotzkistischen Organisation verlangten. Mir stockte auch der Atem, wenn die im eigenen Land sich so antiautoritär Gebärdenden auf stalinistische Größen wie Mao oder Ho abfuhren. Das paßte für mich nicht zusammen, machte mich wütend. Und so pendelte ich zwischen den politischen Welten, war nirgends zu Hause.

Ich zögerte, mich so zu engagieren, wie das die Zentrale verlangte – schob objektive Gründe vor und sagte kein Wort über meine subjektiven Motive. Die Genossen drängten unterdessen immer heftiger aus der Ferne, ich solle endlich konsequent sein: überall die richtige Linie propagieren, unentwegt Reformisten und Revisionisten entlarven und mich mit allen anlegen – viel Feind, viel Ehr. Irgendein Aufrechter würde schon hängen bleiben und dann auch der zweite und dritte; unsere historische Stunde rücke unaufhaltsam näher.

Von dieser Überzeugung bestärkt schrieb ich alsbald auch meine Zeitung – wie hätte sie anders als Klassenkampf – heißen können. Sie kam zunächst über die

Zentrale in die BRD. Doch bevor sie die Massen wirklich erreichte und ich mich ihnen als Führer zu erkennen geben konnte, war das Abenteuer schon zu Ende: ich hatte mich auf die Seite einige Abweichler geschlagen, war prompt bei der Zentrale in Ungnade gefallen und durfte mich nach einem neuen organisatorischen Halt umsehen. Doch da die Szene zwar nicht reich an Masse wohl aber an Spaltungen war, saß ich schon bald im nächsten Dampferchen...

In dieser Zeit zog ich in eine der ersten Münchener Wohngemeinschaften. Schnell lag ich mit meinen Mitbewohnern in einem endlosen Clinch über Volkskrieg, Mao, Ho und Castro, die historische Aufgabe des Proletariats in den Metropolen, Trotzki und Stalin, Marcuse und Freud.

So war ich in verschiedenen Lagern zu Hause und hätte mir gewünscht, daß das akzeptiert worden wäre. War es aber nicht. Wir sahen es als unsere Aufgabe an, uns kompromißlos zu spalten. In uns war die Entschlossenheit, unser Leben mit dem Gang der Geschichte zu verschmelzen, und dafür brauchten wir theoretische Klarheit und eine korrekte Praxis – mochten dabei auch engste und älteste Freunde zu Feinden werden. Spreu war vom Weizen zu trennen. So gingen wir ran, wie wir es unserer selbstauferlegten historischen Mission schuldig zu sein glaubten.

Nur auf der Straße waren wir noch zusammen – und stark. Noch waren die Gruppen nicht so weit, um im eigenen „revolutionären Block“ in die Schlacht zu ziehen. Unter dem breiten Schirm des SDS, der Antikriegs- und Antinotstandsbewegung wurden jedoch bereits die Startlöcher zum unerbittlichen Kampf der Avantgarden gegraben.

Da war aber noch etwas anderes, das mich anzog. Nicht einmal meinen besten Freunden hätte ich mein Abweichlertum eingestanden. Bei aller prinzipiellen Kritik beneidete ich insgeheim ein wenig die, die schon hier und heute – politisch und privat – ein radikal anderes Leben zu leben versuchten wie die Provos in Holland oder die Kommune I in Berlin (hinter der nicht zuletzt die von München nach Berlin enteilten Mitglieder der „Subversiven Aktion“ steckten). So sehr mich manches an den Provos und ihren Berliner oder westdeutschen Ablegern auch anzog, nie hätte ich das offen zugegeben, geschweige denn bei ihnen mitgemacht. Mein revolutionäres Über-Ich hatte da eindeutig die Oberhand. Das, was die veranstalteten und die Spießer und die Polizei so in Rage brachte, war den Arbeitern, um die es uns ging, nicht zu vermitteln, hatte nur mit Selbstbefreiung nicht aber mit Befreiung der Arbeiterklasse zu tun und konnte nur in die Isolation und ins offene Messer der Polizei treiben. So konsumierte ich Theorie und Praxis der Anarchos der ersten Stunde nur heimlich und vergaß nie meine grundsätzliche Kritik daran.

Stattdessen wurde ich – von der korrekten Linie gezähmt – Fürsprecher unspektakulärer revolutionärer Kleinarbeit und Teamer in der gewerkschaftlichen Bildungsarbeit. Statt hier und heute das große Feuerwerk zu entfachen, versuchte ich in mühsamer Überzeugungsarbeit, dem Alkohol, dem eigenen Wagen und dem Herumgegammele mit der Freundin zugeneigte Jungarbeiter und Lehrlinge auf den

Pfad des Klassenbewußtseins zu bringen. Diese Sisyphusarbeit erschien mir historisch notwendig, der Sozialismus auf einer Doppelmatratze zwar lustvoll doch als Irrweg.

Was mich in dieser Zeit mehr und mehr nervte, war das in unseren Kreisen üblich werdende Herumgestochere in der eigenen Psyche. Härte war bei mir angesagt. Wenn meine Mitbewohner die Nächte hindurch in ihren Seelen herumwühlten, stand ich morgens um sieben mit der Internationale auf den Lippen auf, dachte an die Arbeiter in den Fabriken, zog mir einen Kaffee rein und begann in die Schreibmaschine zu hämmern, daß es den anderen in den Schlaf fuhr.

Insgeheim anziehend war aber doch einiges von dem, was da als Selbstbefreiung hier und heute daherkam. „Wer zweimal mit der gleichen pennt, gehört schon zum Establishment", war eine dieser aufreizenden Losungen, die damals in der sozialistischen Männerwelt die Runde machten. Das hätte ich, um ehrlich zu sein, auch mal gerne versucht. Tat es aber nicht. Hatte stattdessen mehr oder weniger dauerhafte Beziehungen; von Zeit zu Zeit auch kleine, zumeist verheimlichte und mit schlechtem Gewissen ausgelebte Seitensprünge; und wenn sich die große Liebe mal wieder als Flop erwies, war da schnell die nächste. Keineswegs besonders fortschrittlich das Modell, sondern stinknormal. Nur das Vokabular war revolutioniert.

Damals war es die Beziehung zu J.; sie in New York, ich in München. Briefe flogen über den Ozean, die unsere Liebe auch über die Hautfarbe hinweg bekundeten. „But you look like the white devil: Blue eyes, blond hair." Das amüsierte mich, war ich doch sicher, mit dem weißen Teufel ein- für allemal gebrochen zu haben. So sehr wähnte ich mich über den Niederungen des Rassismus, daß ich kaum einmal über meine eigene Hautfarbe sprach. Umso mehr jedoch über den Rassismus des Rests der weißen Welt.

Was uns verband – außer der Liebe – war die Entschlossenheit zur Revolution. „Ich habe Erfahrungen mit kleinbürgerlichem Leben gehabt", schrieb sie mir. „Ohne daß ich mir dessen bewußt war, war aber die Saat der Revolution in mir gelegt. Alles was noch fehlte, war jemand wie Du, um mir die Richtung zu zeigen, damit die Saat aufgehen kann." Ich war stolz auf meinen Erfolg. An anderer Stelle klang J. allerdings schon fragender: „Ist der Sozialismus in den USA möglich? Kann dieses Penizillin für die ganze Welt den Millionen von Menschen verabreicht werden, die stärker daran interessiert sind, dem Dollar nachzujagen als dem Verlangen nach Freiheit und Gleichheit? Ist stelle diese Frage auch aus einem anderen Grund – kann ich eine Revolutionärin werden? Werde ich in der Lage sein, meine Annehmlichkeiten für die Sache aufzugeben? Habe ich das, was nötig ist, um auch Gewalt einzusetzen oder gar für die sozialistischen Prinzipien zu sterben?" J. brauchte den revolutionären Offenbarungseid nicht zu leisten. Das letzte, was ich von ihr über Dritte hörte, wir hatten uns längst getrennt, war, daß sie sich einem der indischen Gurus der siebziger Jahre angeschlossen hatte.

Doch zurück ins Jahr 1967. Im Frühjahr sehen wir uns wieder. Ich fliege zu ihr nach New York. Erfüllte Wochen. Zwischendrin in der Zentrale. Neue Direktiven. Ungeduld. Ich solle endlich daheim in die Offensive gehen – nichts als die Sache auf den Lippen und im Herzen. Das mit J. wird mißtrauisch beobachtet. Hinter den vielfach gesicherten Türen der Zentrale rastet der Große Vorsitzende der kleinen Organisation immer häufiger aus und tobt drauflos, jähzornig, alkoholisiert und keinen Widerspruch duldend. Der Bruch deutet sich an.

Aus der Heimat kommen aufmunternde Briefe. R., die Jungverliebte, schlägt den Bogen vom Sozialismus zur großen Liebe: „Sozialisten sind schon in jeder Beziehung viel besser. Du verstehst mich doch, gell, Volki? Make love, not war! Bringst Du einige Buttons mit? Die wirst Du hier reißend los."

Ich habe anderes zu tun, als ins Button-Geschäft einzusteigen. New York brodelt in diesem Frühling. Hunderttausende von Kriegsgegnern sind Anfang April vom Central Park zum UNO-Hauptquartier unterwegs, so viele, daß der riesige Platz vor der UNO schon überfüllt ist, als das Ende des Zuges noch Kilometer entfernt ist. Die Hoffnungen wachsen, das System gerät in die Defensive.

Und dann zurück in München. Es geht auf den Sommer zu. Kurz vor dem Besuch des Schahs – wenige Wochen nach dem Militärputsch in Griechenland – bin ich wieder daheim. Vom ersten Tag seines Staatsbesuches an begleiten den erlauchten Gast erbitterte Proteste. Kritik allerseits, und sei's auch nur über gesperrte Autobahnen und Innenstädte. Doch herumgesprochen hat sich auch, in welcher Verschwendung der Schah inmitten der Not seiner Untertanen lebt und daß er gekommen ist, sich weitere vierzig Millionen Mark zu holen. Und nicht mehr unbekannt ist auch, daß er verantwortlich ist für Folter und Mord an Zehntausenden von Menschen. Niemand außer ein paar hohen Herren will ihn hierzulande, und auch die würden ihn jetzt lieber heute als morgen wieder loswerden...

Am 31. Mai trifft der edle Gast nebst Hofstaat aus Bonn in München ein. Vor dem Hauptbahnhof Pfiffe und Mörder-Rufe. Andere schimpfen verhaltener: daß sie ihren Zug wegen „dem da" verpassen, der ja doch nur „unser Geld rausschmeißt". Die Polizei aber schirmt den unwillkommenen Besucher aggressiv und bösartig ab. Befehl ist Befehl.

Am nächsten Tag wird es für den Schah in München noch schlimmer. Nicht nur, daß ihm der FC Bayern die Schau stiehlt, der als frischgebackener Europapokalsieger in der Innenstadt gefeiert wird. Er, *der da mit Farah Diba zur Seite die Alte Pinakothek durchschreitet, kommt selbst hinter den dicken Mauern nicht zur Ruhe: die Sprechchöre der Demonstranten erreichen ihn auch hier. Am Abend vor dem Nationaltheater dann der Höhepunkt – ein Hexenkessel des Protests und polizeilicher Knüppeleien. Man spürt, wie sich da von Tag zu Tag mehr zusammenbraut. Dieser Mann ist entschlossen, auch hierzulande über Leichen zu gehen.*

Am nächsten Tag dann in Berlin. Benno Ohnesorg wird bei der Zerschlagung einer Anti-Schah-Demo durch einen Kopfschuß von der Polizei getötet. Es ist der

2. Juni. Das Datum brennt sich ein in die Geschichte der BRD! Noch zwanzig Jahre später wird über Hauswände gesprayt: „2. Juni 1967 – Nichts ist vergessen".

Ausnahmezustand in Berlin. Senat, Polizei und Springer-Presse blasen zur Jagd auf Studenten. Pogromstimmung diesseits der Mauer. Die Notstandsgesetze scheinen in Kraft, bevor sie verabschiedet sind.

Doch die Bewegung lebt. Nicht nur in Berlin. In München nehmen Tausende am Schweigemarsch für den ermordeten Benno Ohnesorg teil. Doch es sind nicht nur Trauer und Empörung, die verbinden. In diesen Tagen wächst in uns auch die Gewißheit, erstmals in die Geschicke dieses Landes eingreifen zu können. Sie müssen fortan mit uns rechnen. Nichts ist mehr, wie es war.

Kaum ist der Schuß von Berlin verhallt, kracht es andernorts. Am 5. Juni beginnt der Sieben-Tage-Krieg. Israel siegt gegen die arabischen Nachbarstaaten und annektiert, und das bundesrepublikanische Israelbild bekommt erste Risse. Die USA explodieren in diesem Sommer unter den Ghetto-Aufständen. Burn, Baby, Burn! Che, der Südamerika durch den Guerillakrieg revolutionieren wollte, wird im Oktober in Bolivien ermordet.

In jenen Zeiten schreibe ich nichts mehr auf. Wir haben Wichtigeres zu tun. In unserer WG in der Georgenstraße werden zahllose Wege zur Revolutionierung der Menschheit diskutiert. Wir bekommen uns immer wieder an den gleichen Fragen in die Haare. Nicht weniger heftig geht's auch im SDS-Zentrum in der Knorrstraße zu. Oder auf der 22. Delegiertenkonferenz des SDS im September '67 in Frankfurt. Da verstehe ich zwar noch immer nicht viel, doch die Auflockerungsübungen zwischendurch – mal bei den Obristen im Palmengarten, wo die Sahnetorten fliegen, mal im Amerikahaus – versöhnen ein wenig mit dem endlosen Strategiepalaver. Unausgegoren und doch kraftvoll präsentiert sich die Bewegung. Immer wieder scheint sie am Ende, und immer wieder tut das System im entscheidenden Moment das, was die Flammen am Lodern hält.

Pogromstimmung weiterhin in Berlin. Aber auch in Städten wie München werden Bärtige und Langhaarige (dabei lassen wir die Haare gerade erst lang wachsen), mit Etiketten wie Hippies, Gammler, Beatnicks, Provos, Halbstarke oder Revoluzzer beklebt, zum Horrorbild des Spießers. Die Leserbriefspalten der Zeitungen füllen sich mit des Volkes Stimme. Eine Kostprobe gefällig?

„Ihre verschiedenen Artikel über Hippies und Gammler scheinen mir zuviel der Ehre. Der ganze Aufzug und das Trara dieser Sorte ist von einer solchen Würdelosigkeit, daß es geradezu gespenstisch anmutet. Ihre Faulenzerei, mit der sie auch noch angeben, wird ihnen kein vernünftiger Mensch abnehmen.

Wenn einer sich die Zeit nimmt, um den Einzug der Studenten zur Universität zu sehen, kann er zu seiner Beruhigung feststellen, daß der überwiegende Teil Wohlerzogenheit und Manieren hat. Aber ein nicht unbeträchtlicher Teil zeigt eine arge innere und äußere Verkommenheit. Man fragt sich: wo ist die Autorität, die eine solche Verunglimpfung der ehrwürdigen Alma Mater verbietet? Wir sollten uns die Freiheit nicht von unqualifizierten Volksgenossen korrumpieren lassen.

Man lehre sie arbeiten und gebe ihnen Anstandsunterricht."

(*Münchner Merkur*, 2.12.1967)

Die Angriffe auf Studenten häufen sich. Vor allem in Berlin. Rudi Dutschke wird, als er Heiligabend 1967 von der Kanzel herab „Frieden in Vietnam" fordert, von erbosten Kirchenbesuchern blutig geschlagen. Der Sumpf kann nicht ertragen, was ihn da sticht...

Doch die Revolte läßt sich nicht unterkriegen. Eine Schülerbewegung entsteht, die Gründung einer „Kritischen Universität" wird geplant, akademische Festveranstaltungen werden gesprengt und immer neue Demonstrationen gegen den US-Krieg in Vietnam und andernorts organisiert:

Kuba, Kongo, Vietnam
Die Blutspur der US ist lang.

Die Bürger müssen sich an den Rhythmus der Sprechchöre der in den Straßen demonstrierenden Jugendlichen und Studenten gewöhnen:

Keine Mark und keinen Mann
für den Krieg in Vietnam.

Die Bewegung nähert sich dem zum Symboljahr gewordenen '68. Mit der Hoffnung einher geht die Angst vor den Ewiggestrigen, die nicht verwinden können, daß die Friedhofsruhe gestört ist.

Im Sommer 1967 kommt J. nach München. Wir leben in einem winzigen Zimmer in der WG in der Georgenstraße. J. spricht in der Öffentlichkeit über die kämpfenden Schwarzen in den USA; es ist die Zeit der großen Ghettoaufstände und des Erstarkens der Black Power Bewegung. Ich ziehe als Übersetzer der schwarzen Botschaft mit.

Wenn wir mal zur Erholung in bayrischen Dörfern sind, genieße ich die Provokation: in den Bollwerken der Reaktion Arm in Arm mit einer Schwarzen herumzulaufen. Ob J. das ebenso genossen hat, wage ich heute zu bezweifeln – damals hätte ich derartige Zweifel sicher abgeblockt. Ich erinnere mich nur noch, wie selbstzerstörerisch sie sich oft ihre schwarze Haut zu zerkratzen pflegte.

Später schrieb sie stichwortartig über diese Zeit: „Entschied mich, nach Deutschland zu kommen und mit V. zu leben. Sparte dafür ein Jahr. Wurde schwanger. Weitere Abtreibung. Die Haut brach auf, zu viel Spannung. Lebte mit V. Bezie-

hung unsicher. Viele Konflikte kommen hoch. Hautprobleme. Kein Orgasmus. Sexuelle Probleme, Hautprobleme. Onaniere aus Frustration. Brust- und Hautprobleme, Schuldgefühle."

Für mich war J. nicht selten Mittel zum Zweck: den versteinerten Verhältnissen die eigene Melodie vorzuspielen – auch in Gestalt der schwarzen Haut. Den Sumpf zu provozieren, das war eine Leidenschaft, auch wenn's auf Kosten unserer besten Freunde ging.

11

'68 – Die Fantasie und die Macht

Revolution

Revolution ist:
Wenn das Unerträgliche,
Das wir aus Gewohnheit (und Angst) so lange ertrugen,
Unerträglich geworden ist
Und das Selbstverständliche endlich
Wirklichkeit wird.

Als das Jahr 1968 beginnt, wissen wir, daß dieses Land mit uns zu rechnen hat. Spätestens seit dem 2. Juni 1967 ist eine Generation angetreten, die die Kumpanei der Restaurationsjahre aufgekündigt hat. Wir wollen leben, wie's uns schmeckt. Und am Ende unseres Kampfes den Sozialismus. Die Generation der Nazieltern aber soll sich davon machen, wenn sie schon unbelehrbar ist, und wenn sie das nicht will, haben wir ihr endlich genug entgegenzusetzen, um sie das Fürchten zu lehren.

Doch mein Verhältnis zur Bewegung bleibt zwiespältig, wenn es um mehr als um die Abrechnung mit der Generation der Nazieltern geht. Februar 1968, Vietnam-Kongreß in Berlin. Ich fahre nicht hin. „Für den Sieg der vietnamesischen Revolution", heißt die Losung. Ich will mir nicht zumuten, was dort geboten wird: die kritiklose Bewunderung einer stalinistischen Autorität wie Ho Chi Minh; der Kult um Mao, der zum Steuermann der angeblich so anti-autoritären Studentenbewegung ernannt wird. Ich diskutiere schon in München genug gegen den Strom, und meine Argumente stoßen ins Leere. Traumbilder sind nicht zu widerlegen. Mein Wissen hole ich mir aus den Schriften der Klassiker. Manchmal auch von der Zentrale und ihren Ablegern. Anstöße zur Praxis aber bekomme ich weiterhin dort, wo ich mich mit meinen Positionen fremd fühle: in der Bewegung.

Außerhalb unserer Zusammenhänge interessiert das alles nicht. Da sind wir alle gleich. Nie wurde wohl in der Bundesrepublik bis dahin jemand mehr gehaßt als unsereins. Nach dem Vietnam-Kongreß ruft das „anständige" Berlin zu einer Gegendemonstration auf. Wer sich dort blicken läßt und dem Bild vom Revolutionsstudenten entspricht, riskiert sein Leben.

Studenten

Maul halten,
    Rowdies, Radikalinskis,
        Herrensöhne mit Linksdrall!

Jetzt kommen wir:
Am besten,
man steckte euch alle ins KZ!
Alle auf einmal, euch bärtige Affen!
Der Führer,
ja, der hat schon gewußt,
was man mit Gesindel wie Euch macht:
Arbeitsdienst,
und wenn das nichts nützt,
einfach vergasen!

Ihr glaubt wohl,
ihr könnt kaputt machen,
was wir uns im Kampf gegen
den Kommunismus aufgebaut haben.
Geht doch in den Osten, wohin
ihr gehört: Russen, Chinesen, Polacken,
rotes Gesindel,
Randalierer,
akademischer Mob.

Die Polizei ist noch viel zu sanft mit euch,
die darf ja nicht,
wie sie gerne möchte,
wegen eurer Genossen
in der Presse und beim Fernsehen.

Aber
wir werden
schon fertig mit euch!

Auf niemanden zielt der Haß mehr als auf Rudi Dutschke. Die Springer-Presse erklärt ihn zum „Volksfeind Nr. 1". Am 11. April 1968 trifft ein gewisser Josef Bachmann, NPD-Sympathisant und Nationalzeitungs- und Bild-Leser, schwerbewaffnet in Berlin ein, um das Springer-Urteil zu vollstrecken. Rudi Dutschke wird von drei Kugeln getroffen und bleibt auf der Straße liegen.

Ich erinnere mich des Augenblicks, als wir in der WG durch einen Anruf von dem Anschlag erfuhren. Fassungslosigkeit zunächst, und dann die Wut, die uns aus der Erstarrung riß. Wir kamen zusammen, berieten, was zu tun sei. In kürzester Zeit entstand ein Flugblatt, nur wenige Zeilen lang:

„Mord an Rudi Dutschke?
Hat Springers Pogromhetze nach Benno Ohnesorg
ein neues Todesopfer gefordert?
Wenn wir uns nicht sofort zur Wehr setzen
wird Springer weiter morden.“

Und wir setzten uns zur Wehr. Am Abend verteilten wir das Flugblatt in Schwabing: die Kinobesucher und Nachtschwärmer rissen es uns aus den Händen, wollten wissen, wie es Rudi gehe – Anteilnahme und Betroffenheit, nirgendwo Haß oder Genugtuung angesichts des Anschlags. Gegen Mitternacht ein langer Demonstrationszug aus dem Herzen Schwabings zum Buchgewerbehaus in der Barer Straße, wo Springers Bild gedruckt wird. Keine Polizei in Sicht. Auf das Betriebsgelände vorzudringen – nichts leichter als das. Plötzlich dort, wo ich an so manchem Wochenende als studentischer Aushilfssklave Bild am Sonntag zusammengelegt und abgezählt hatte. Was für eine Genugtuung, diese Hallen jetzt als Besetzer zu betreten, niemandem zu Gehorsam verpflichtet.

Hunderte von Demonstranten im Gebäude, die Redaktionsräume verwüstet, Zeitungen und Aktenordner aus dem Fenster geschmissen, die riesigen Rotationsmaschinen aber unbeschädigt. So weit ging, zumindest in München, die Militanz nicht. Es wurde spät und langweilig, und als ich mich gerade auf den Heinmweg machte, traten die ersten Polizisten in Erscheinung, die die Hohen Herren wohl endlich – es war die Nacht von Gründonnerstag auf Karfreitag – aus ihrem Osterurlaub gezerrt hatten. Friedlich verließen da auch die letzten Besetzer das Gelände.

Am nächsten Abend ein anderes Bild. Die Polizei hat das Buchgewerbehaus besetzt und zur Festung ausgebaut. In der Barer Straße vor dem Betrieb die erste Straßenschlacht. An Material zur Eskalation kein Mangel: die Straße ist wegen Bauarbeiten aufgerissen, überall liegen Pflastersteine und Baumaterialien herum. Die Polizei geht gegen die nach Tausenden zählende Menge im Schutz von Wasserwerfern vor; doch die sind damals noch recht schwach und ohne Beimischung von Giften. „Zugabe! Zugabe!“ tönen die Sprechchöre durch den milden Frühlingsabend. Vor dem Wasserwerfer ist der offene, weiße Chevrolet der Gröbenzeller Kommune zum Stehen gekommen; hinter dem Wagen kauert das Häuflein der Aufrechten, um eine rote Fahne geschart. Der Wasserwerfer zielt aus kürzester Entfernung, pumpt den Chevy voll Wasser und zwingt schließlich auch die Gruppe nebst Fahne zu Boden. Mir fällt ein Briefmarkenmotiv ein, das mich als Kind tief beeindruckte: US-Soldaten stürmen - in nicht weniger dramatischer Pose – unter ihrer Fahne einen Berggipfel auf der von Japanern gehaltenen Insel Iwo Jima... Doch hüte ich mich damals, diesen Vergleich unserer Heroen mit denen des Klassenfeindes auszusprechen.

An vielen Orten geht es in diesen Tagen los. Vor allem in Berlin. Am Ostermontag dann das blutige Finale in München. Tagsüber der Ostermarsch so groß wie noch nie und zugleich mit ganz anderer Stoßrichtung als geplant: Er wird zum Protestzug gegen das Attentat auf Rudi Dutschke. Am Abend verlagert sich das Geschehen an die Kreuzung Barer/Theresienstraße, da die Barer Straße vor dem Buchgewerbehaus von Polizei und Grenzschutz abgeriegelt ist. Die uns am Stacheldraht gegenüber stehen, tragen Wehrmachtsstahlhelme – Symbole einer unheilvollen Kontinuität, die wir in die Zukunft verlängern.

Aus dem damals noch unbebauten und teilweise bewachsenen Gelände an der Kreuzung greifen Demonstranten immer wieder an; dort schlägt aber auch die Gegenseite zurück. Steine und Baumaterialien liegen in großen Mengen herum. Schon bald eskaliert der Kampf, fliegen Steine und Bohlen – und das nicht nur in eine Richtung. Zwei Tote fordert die blutige Schlacht – ein Pressefotograf und ein Student, der „nur mal sehen wollte", erliegen später ihren Verletzungen; wer die beiden tödlich traf, wurde nie geklärt.

Verantwortlich werden dennoch die demonstrierenden Studenten gemacht. Wie auch heute noch in ähnlichen Situationen ist ein öffentlicher Aufschrei der Empörung und des Entsetzens zu hören, wie man auf ihn vergeblich bei Anlässen warten wird, die politisch nicht so zu nutzen sind. Und kaum ist der Schrei des Entsetzens verhallt, schließt sich schon der Ruf nach dem starken Staat an. Innere Aufrüstung ist angesagt – mehr Waffen für die Polizei, neue repressive Gesetze, Einschränkung der Demonstrationsfreiheit. Die Bewegung steht unter massivem Druck: Distanzierung von Gewalt ist angesagt. Die Ziele, um die es geht, drohen dabei aus dem Blick zu geraten.

Die Bewegung selbst ist seit den sechziger Jahren in „der Gewaltfrage" gespalten. Einige lehnen jede Gewalt ab und betonen die Gewaltlosigkeit des eigenen Kampfes. Andere bejahen dagegen bestimmte Formen der Gewalt. So wird 1968 versucht, zwischen Gewalt gegen Sachen und Gewalt gegen Personen zu unterscheiden. Manche beginnen auch, Gewalt gegen Personen nicht mehr auszuschließen – bei der Frankfurter Kaufhausbrandstiftung wird bereits die Gefährdung Unbeteiligter einkalkuliert; und als der wegen dieses Deliktes verurteilte Andreas Baader 1969 gewaltsam befreit und dabei ein Bibliotheksangestellter angeschossen wird, ist der Schritt in jene Richtung endgültig getan. Die BRD bekommt einen neuen Staatsfeind – die RAF. Die Rote Armee Fraktion greift US-Einrichtungen in der BRD an und geht dann auch gezielt gegen westdeutsche Repräsentanten des verhaßten imperialistischen Systems vor – bis hin zur Entführung Hanns Martin Schleyers. Aber es bleibt – allen Illusionen der RAF zum Trotz – ein ungleicher Kampf. Stammheim und „Deutscher Herbst" werden zu Symbolen des Gegenschlags, der auf die RAF zielt und die gesamte Linke meint und dem Land eine Ahnung von dem gibt, was Notstand heißt.

1968 dürfte sich allerdings kaum jemand vorgestellt haben, daß die Entwicklung wenige Jahre später derartige Dimensionen annehmen würde. Damals geht die Dis-

kussion noch vor allem darum, ob Gewalt gegen Sachen berechtigt sei. Abgeleitet wird die Rechtfertigung von Gegengewalt aus den strukturellen Gewaltverhältnissen der bürgerlichen Gesellschaft, die sich uns – jedes ideologischen Schleiers entkleidet – immer offener entgegenstellen:

Letzte Aufforderung

Letzte Aufforderung.
Räumen Sie sofort das Gelände.
Sie machen sich strafbar.

Knüppel frei!
Tränengas. Chlorgas. Giftgas. GAS.
Napalmbomben. A-Bomben. H-Bomben. Stinkbomben. Sexbomben.
Alles kommt auf den Markt.
Begrenzte Kriegführung.
Flächenbombardement.
Atomare Zerstrahlung.

Lautlos naht das Ende auf tausend Wegen.
Stopf dir dein Taschentuch in den blutenden Mund.
Die Hydranten auf.
Den Kopf drunter.
Den Kopf.
Den.

Die Roten sind ja schlimmer als die Tiere.
Aufhängen.
In die Arbeitshäuser.
Letzte Aufforderung!
Die Fotos am nächsten Morgen aufs Brötchen geschmiert.
Blutroter Marmeladentoast.
Der Polizei gebührt unser aller Dank.
Achtundsiebzig Verletzte.
Siebenhundertdreiundzwanzig verhaftet.
Der linke Mob wütete.
Fegt sie doch hinaus in den toten Herbst.
Damit wieder Ruhe liegt über dem Land.
Und niemand mehr unsere Autos verbrennt.
Und unsere Fernseher in Blut taucht.

Kann es für den, der sich in einer derartigen Gesellschaft erlebt, einen prinzipiellen Verzicht auf Gewalt geben? Nur wenige bejahen das damals. Die meisten, die die bürgerliche Gesellschaft als Gewaltverhältnis erfahren, halten Gegengewalt für legitim. Die Differenzen brechen auf, wo es darum geht, welche Formen der Gegengewalt berechtigt sind und welche nicht. Diese Auseinandersetzung findet statt unter dem Druck, jeder Gewalt abzuschwören und das staatliche Gewaltmonopol uneingeschränkt anzuerkennen.

Selbst ein liberaler Professor wie mein Doktorvater F. G. Friedmann definiert in einem „Brief an einen radikalen Studenten", veröffentlicht Anfang 1968 in Stimmen der Zeit, *direkte Aktionen wie Go-ins oder Happenings bereits als Ausdruck nicht legitimierter Gewalt und setzt dagegen die Notwendigkeit des „rationalen Diskurses". Ich schreibe eine „Antwort eines radikalen Studenten", die die Zeitschrift trotz für mich moderater Töne nicht veröffentlichte. Darin heißt es:*

...Sie haben die Methoden der radikalen Studenten angegriffen, aber ich möchte Sie um Verständnis bitten. Die Mittel der um das Recht auf Selbstverwirklichung kämpfenden Studenten können nicht identisch mit denen des „establishment" sein, das längst die Spielregeln sozialen Verhaltens nach seinen eigenen Interessen festgelegt hat. Gegenüber den Mitteln der politischen Herrschaft – von den subtilen Methoden ideologischer Manipulation bis zur Verfügungsgewalt über Polizei und Armee – verfügt der Beherrschte zunächst nur über sich selbst. Von seinen Zielen her leitet er die Rechtfertigung seiner Mittel ab. Der Zweck heiligt also *nicht* jedes Mittel, sondern nur das, das zur Verwirklichung des Ziels beiträgt: die Befreiung der Gesellschaft...

„Go-in", „teach-in", Seifenblasen-Aktionen usw. kann ich nicht als Anfänge des Terrors betrachten. Meine Kritik an derartigen Protestaktionen setzt dort ein, wo sie ihr Ziel – die Vermittlung rationaler Einsicht durch der Aktion nachfolgende öffentliche Diskussion – nicht erreichen. Ich kritisiere Methoden, die zur Selbstisolierung führen und den „provocateur" dem Spott oder dem Zorn des Angesprochenen ausliefern...

Eine Gefährdung durch die linken Studenten zu sehen, heißt die Gefahr nicht dort sehen wollen, von wo sie kommt: von rechts!... Während der Widerstand der „Mitte" nach links sich verschärft, wächst ihre Koalitionsbereitschaft nach rechts. Bundeskanzler Kiesinger hält eine zukünftige Koalition mit der NPD bereits nicht mehr für prinzipiell ausgeschlossen. Nach links aber hieß es in Berlin und andernorts: „Knüppel frei!" In der Springer-Presse durften Leser Arbeitshäuser für Studenten, Prügel und einen neuen „starken Mann" fordern. Bremens Polizeichef feuerte seine Beamten an: „Nachsetzen! Draufhauen!", und im Bundestag verlangte Richard Jäger: „Landgraf werde hart!" Der SDS soll verboten werden – die NPD nicht.

Von *dieser* Wirklichkeit, in der der radikale Student lebt, haben Sie nur wenig gesagt. Sie haben eindringlich für den Dialog gesprochen... Aber angesichts einer Wirklichkeit, aus der ich soeben einige Beispiele auswählte, glauben wir nicht mehr an den Dialog. ...

Den Krieg, den die USA gegen Vietnam führen, vermag kein Dialog zu beeinflussen. Gegen Notstandsgesetze und Neofaschismus, gegen Wahlrechtsmanipulation und Polizeieinsatz als Argumente gegen die außerparlamentarische Opposition richtet ein Dialog nichts aus. Hier werden wir nach anderen Mitteln suchen müssen, um den Schritt in eine Zukunft der Unfreiheit zu verhindern.

Doch welche Mittel? Darauf hat die Bewegung nie eine einheitliche Antwort gegeben. Ich holte mir die Antwort aus dem Studium von Klassikern wie Marx, Luxemburg, Lenin und Trotzki; aber auch aus den politischen Zusammenhängen, in die ich außerhalb der studentischen Bewegung eingebunden war: dort wurde der individuelle Terror abgelehnt, war es die Aufgabe der Arbeiterklasse als Klasse, die herrschende bürgerliche Gesellschaft zu stürzen – und dies gewiß nicht auf friedlichem Wege. Doch noch war die Zeit nicht reif dafür, galt es vielmehr, die Arbeiter zu unterstützen, sich ihrer Klassenlage überhaupt wieder bewußt zu werden und zu ersten kleinen Schritten der Gegenwehr zu ermutigen. Diese Überzeugung hat mich davor bewahrt, auf die Gewalt dieser Gesellschaft so zu reagieren, wie sie es aus meiner Sicht verdient hatte: Gewalt gegen Gewalt. Doch wenn ich nicht diese Position gehabt hätte? Für wen, der damals dabei war, war denn jener Schritt, den dann doch nur wenige taten, wirklich so unvorstellbar? Die Wut, der Haß und die Power trieben uns doch alle in Situationen, in denen Entscheidungen auf uns zukamen, die wir uns wenig früher kaum hätten vorstellen können.

Rechtfertigungen für Gewalt trafen auf offene Ohren. „fritz teufel sagte einmal, als er mal frei war: es ist immer noch besser, kaufhäuser anzuzünden als sie zu besitzen.“ Was da so locker auf Flugblättern verbreitet wurde, machten sich nicht wenige zu eigen. 883, linkeck, charlie kaputt *und wie die chaotischen Blätter jener Zeit hießen – das war ein prickelndes Spiel mit der revolutionären Gewalt. „Burn, warehouse, burn.“ Manch einer liebäugelte mit der Gewalt – wenn es auch meist beim Gedanken blieb. „High sein, frei sein, ein bißchen Terror muß dabei sein“ – das drückte ein neues Lebensgefühl aus. Vor allem in Berlin – doch die Botschaft wurde auch andernorts vernommen.*

Noch war das, was die RAF werden sollte, eine Strömung unter vielen, waren jene tödlichen Erfahrungen nicht gemacht, die dazu führten, daß die Frage der Gewalt nicht mehr so romantisierend beantwortet werden konnte. Noch lockte die Gewalt im exotischen Gewand: von Che Guevara und Fidel Castro bis Brigitte Bardot und Claudia Cardinale, die in Viva Maria *mexikanische Revolutionsheldinnen mimten. Was ausprobiert wurde, um mit der Gewalt zu provozieren, war zu-*

nächst recht harmlos. Von Seifenblasem zu Maschinenpistolen und Bomben war der Weg doch weiter als zumeist behauptet.

Aber zurück zu den blutigen Osterunruhen des Jahres 1968. Zwei Menschenleben fordern die Zusammenstöße zwischen Polizei und Demonstranten in München. Es folgt ein kurzes Innehalten. Auf dem Königsplatz sprechen – einmalig in der Geschichte der Münchener Bewegung – auf einer Kundgebung vor 10 000 Menschen Bayerns CSU-Innenminister Merk, Münchens Oberbürgermeister Hans-Jochen Vogel und SDS-Vertreter Reiner Jendis und Herbert Röttgen. An den gegensätzlichen Standpunkten der Beteiligten ändert sich jedoch nichts, der Kampf geht alsbald in die nächste Runde – noch im Mai will die Große Koalition in Bonn die Notstandsgesetze durchs Parlament peitschen.

Die Tage um den 1. Mai bin ich als Teamer auf einer Schulung der IG-Chemie-Jugend in Hersbruck, einer Kleinstadt bei Nürnberg mit einem der höchsten NPD-Stimmenanteile in der BRD. Am 1. Mai ziehen wir gemeinsam mit den Jugendlichen unter selbstgemalten Transparenten durch die Stadt. High Noon. Niemand außer uns auf den Straßen. Die Fenster geschlossen, doch hinter den zugezogenen Vorhängen feindselige Blicke. Die erste Demo seit Menschengedenken in diesem Kaff. Nach einem Rundmarsch durch die Stadt zur DGB-Veranstaltung. Die Türen zum Saal sind geschlossen. Da komme die NPD, habe es geheißen, erzählt man uns später, da habe man schnell die Türen verrammelt. Schließlich stehen wir im Saal inmitten älterer Herren, vor uns die Bühne mit Lorbeerbäumchen und Mandolinenorchester und einem würdigen Festredner. Doch als wir Jungen dann am Ende „Brüder zur Sonne, zur Freiheit" anstimmen, da stehen die alten Herren auf, fassen sich an den Händen und singen mit – manche mit Tränen in den Augen. Endlich dürfen sie mal wieder. Wieviel doch in diesem Land noch zu befreien bleibt...

Zurück nach München und sofort wieder unterwegs auf Gewerkschaftsreise in die CSSR und nach Polen. Ein Hauch von „Prager Frühling": die Menschen bewegen sich selbstbewußt, reden offen, das Verbotene zu tun wird zur Lust, die Provokation zum Ausdruck von Lebensfreude. Nichts symbolisiert das mehr als die nackten jungen Menschen, die da abends fröhlich in den Brunnen herumspringen. So viel scheint möglich in jenen Tagen, auch in Prag. Noch sind die russischen Panzer nicht eingerollt.

Warschau. Im März rebellierten hier die Studenten. Doch der Aufstand wurde erstickt. Warschau ist eine deprimierende Erfahrung: überall Angst und Resignation, und der Schnaps, der die Hoffnungen vergessen machen soll, das einzige im Überfluß. Irgendwo in Warschau bekomme ich eine Frankfurter Allgemeine Zeitung *in die Hände: Studentenaufstand an der Sorbonne. Paris brennt. Ich möchte hin und fühle mich wie eingesperrt, verplantes Anhängsel des Reiseprogramms.*

Und doch wird die Fahrt durch Polen mehr als das Warten auf die Barrikaden von Paris. Sie wird zu einer Reise in die Geschichte. Überall die Spuren der Nazibarbarei. Nichts ist bedrückender als der Besuch in Auschwitz, vor Augen das Unfaßbare, das doch Wirklichkeit war, über Quadratkilometer sich erstreckend. Das, was da steht – das Werk der Generation der Nazieltern, die noch immer schweigt, abwiegelt, den Mantel des Vergessens über das Grauen breiten möchte, für das sie doch verantwortlich bleibt.

Heimgekehrt nach München, wird es noch nichts mit Paris. Am Sternmarsch auf Bonn am 11. Mai hatte ich wegen der Polenfahrt nicht teilnehmen können. Doch im Wettlauf mit der Zeit – die Notstandsgesetze stehen am 29. Mai in dritter Lesung zur Verabschiedung an – wird weiterhin versucht, das Bonner Vorhaben noch zu stoppen. Wir hoffen auf die Arbeiterklasse, sind hinter ihr her, damit sie sich noch im letzten Augenblick – ihren Gewerkschaftsführern zum Trotz – erheben möge, um das Zauberwort aufzugreifen, das wir ihr zuwerfen: Generalstreik.

Vereinzelt kommt es – auch in München – zu Solidarisierungen zwischen Studenten und Arbeitern. Wir ziehen zu einem streikenden Betrieb, aber es kommen auch Arbeiter in die Uni, wo sie begeistert begrüßt werden. Taxifahrer befördern uns manchmal kostenlos... Doch das bleiben Ausnahmen. Die Gewerkschaftsfunktionäre vollführen wahre Eiertänze, um die Kontrolle über die aufmüpfiger werdende Basis nicht zu verlieren. Allzuweit geht die Aufmüpfigkeit jedoch nicht. Die

Studenten werden – anders als in Frankreich in jenen Tagen – nicht zum Auslöser einer Massenbewegung. Eine Demonstration mit mehreren tausend Teilnehmern zum Gewerkschaftshaus in der Schwanthalerstraße endet am 20. Mai ohne Erfolg. Mit höflichen, aber unverbindlichen Worten gehen die Funktionäre auf Distanz.

So bleiben Studenten und Schüler weitgehend unter sich. Die Demonstrationen werden zu kräftezehrenden Fitnessübungen, führen im berühmten Rhythmus der Sechziger, den nur die Durchtrainierten aushalten, kreuz und quer durch die Stadt. Stop and go! Niederkauern – aufspringen – „No, no, Notstand, No" auf den Lippen und auf und davon – plötzlich „Notstand stop!" Alles hockt sich nieder, und das Spiel beginnt von neuem.

Wenn auch die Arbeiterklasse und ihre Führungen auf Distanz gehen und Fabriken nicht besetzt werden, so gibt es für die Bewegung doch noch genug zu besetzen, um nicht frustriert davonzuschleichen. Eines Abends sitzen wir zu Hunderten im Nationaltheater, und der Chef des Hauses kommt auf die Bühne und verspricht uns, daß wir nach Herzenslust diskutieren dürfen, wenn wir nur seine edlen Plüschsessel schonen. Dabei waren wir noch nicht einmal auf die Idee gekommen, unsere demomüden Füße auf dem Plüsch eine wohlverdiente Ruhe finden zu lassen. Auch die Kammerspiele werden vorübergehend besetzt – ebenfalls unter Wahrung des Anstands, versteht sich. Und natürlich die Hochschulen und manchmal auch für fünfzehn Minuten Straßenbahnschienen oder Straßenkreuzungen – so viel Zeit *läßt einem die Münchener Polizei damals allemal. Wie schon in der bayrischen Räterepublik fünfzig Jahre zuvor, die auch eine Angelegenheit vor allem von Intellektuellen war, konzentrieren sich auch dieses Mal die klugen Köpfe auf den Kampf um ihre eigenen Tempel – Theater und Hochschulen. Polizeipräsidium, Landtag, Siemens- und BMW-Zentrale und dergleichen mehr werden nicht einmal symbolisch angegangen. Zu mehr hätten unsere Kräfte sowieso nicht gereicht.*

Immerhin wurde aber noch am 29. Mai, dem Tag der Verabschiedung der Notstandsgesetze, der Hauptbahnhof besetzt, und da man wußte, was Lenin über deutsche Revolutionäre zum besten gegeben hatte, kaufte sich so mancher, um seinem Ruf gerecht zu werden, eine Bahnsteigkarte, bevor er den Bahnhof stürmte...

Ungeachtet aller Proteste zogen die Herren in Bonn ihr Vorhaben durch. Unser Widerstand auf der Straße – das einzige, was uns sinnvoll erschienen war – hatte sein Ziel nicht erreicht.

In uns steckte viel Angst. So optimistisch, wie das aus der Rückschau manchmal erscheinen mag, waren wir keineswegs. „Wenn die Notstandsgesetze verabschiedet sind, ist der Weg frei für eine neue Diktatur...", schrieb ich in einem Brief wenige Tage vor der Gesetzesverabschiedung. Die Große Koalition beunruhigte uns zutiefst. In meinem Blättchen erklärte ich: „Nicht die NPD ist heute der Hauptfeind, sondern jene, die mit der Großen Koalition eine neue Diktatur vorbereiten..." Die Große Koalition also nicht gesehen als Zeichen der Entkrampfung des Status quo sondern als Wegbereiter in eine düstere Zukunft.

Müde und doch voll Power mache ich mich schließlich auf den Weg nach Paris. Die letzten Barrikadennächte – die Bewegung ist bereits auf dem Rückzug. Fast Geschichte schon, was da von den Wänden herab in plakativer Agitationsmalerei von den Ereignissen der letzten Wochen kündet: die Kunst als Teil der Bewegung – wie anders doch als bei uns, wo sie ein Schattendasein fristete, wenn sie von uns nicht ganz auf den Müllhaufen kleinbürgerlicher Rückständigkeit verbannt wurde. In den nächsten Jahren werden wir unseren Weg zunächst einmal mit dem illustrieren, was uns der Pariser Mai gegeben hat.

Als ich in Paris bin, arrangieren sich KPF und Gewerkschaften bereits mit de Gaulle, stehen die Studenten zunehmend allein. Noch einige nächtliche Straßenschlachten im Quartier Latin, die die Entwicklung nicht mehr umzukehren vermögen. Dann fühlt sich de Gaulle stark genug, der Bewegung endgültig den Garaus zu machen. Mitte Juni werden mehr als ein Dutzend linker Organisationen verboten. Niemand weiß, was das an Repression nach sich ziehen wird. Die Genossinnen und Genossen bereiten sich auf die Illegalität vor. Als die Papiere im Kamin lodern, schicken sie mich über die Grenze zurück...

Die Repression wird weniger scharf als befürchtet, die verbotenen Organisationen treten unter verändertem Namen wieder auf. La lutte continue – *Der Kampf geht weiter! – verkünden sie trotzig. Die Bewegung ist dennoch am Ende. De Gaulle siegt bei den Wahlen Ende Juni. Die Losung des Mai* Unser Stimmzettel ist der Pflasterstein *hat ihre Faszination verloren.*

Zurückgekehrt nach München mache ich mich – die Niederlage in den Knochen, die Hoffnung dennoch ungebrochen – an die Aufarbeitung des Geschehenen. In der WG, in der ich lebe, beginnt auch die Münchener Geschichte des Trikont Verlags. Was für eine Aufbruchstimmung. Es gilt, sich die Welt neu anzueignen. Auch durch Lesen. Ein heute kaum mehr vorstellbarer Nachholbedarf an verdrängter, vergessener und unterdrückter – aber auch neugeschriebener – Literatur beherrscht die Bewegung. Dutzende von Verlagen werden gegründet, um dieses Bedürfnis zu befriedigen. Linke Buchhandlungen entstehen, um die Literatur unter die Leute zu bringen. Was mit einem revolutionären Anspruch daherkommt, läßt sich verkaufen. Noch quellen die Bücherregale nicht über.

Auch unsere WG, gleichzeitig Verlagssitz, wird von diesem Strom erfaßt. In der Wohnung stapeln sich Berge kleiner Päckchen aus Peking. Absender: ein gewisser Guozi Shudian. Inhalt: die berühmt-berüchtigten Mao-Bibeln in rotem Kunststoffeinband mit ungenießbarem Inhalt. Die Päckchen versperren den Zugang zum Kühlschrank, verbarrikadieren Klo und Bad; wohl oder übel muß ich mich daran beteiligen, den Großen Vorsitzenden unter die Massen zu bringen, um wieder aufs Klo zu können. So gerate ich in diesem Sommer in die Verlagsbranche.

Und so bekomme ich auch – allen politischen Magenschmerzen zum Trotz – mit dem Trikont Verlag zu tun.

Nachdem ich mich beim Verpacken bewährt habe, steige ich zum Mitherausgeber einer Sammlung mit Karikaturen über den Pariser Mai auf; es folgt eine Sammlung mit Aufsätzen zur Black Power Bewegung;** dann an heißen Sommertagen die redaktionelle Bearbeitung der deutschen Ausgabe des Bolivianischen Tagebuchs von Che Guevara – unter Zeitdruck waren da Übersetzer am Werk gewesen, die mehr guten Willen als sprachliche Qualifikation hatten.*

Was immer wir damals anpacken, es muß sich vor der Geschichte rechtfertigen. Im Vorwort zu Merde, *der Karikaturensammlung über den Pariser Mai, legitimiere ich das Buch, „indem es das Beispiel Frankreich aufgreift, als Teil des Versuches, den Prozeß der revolutionären Bewußtwerdung in der Bundesrepublik mit Möglichkeiten revolutionärer Praxis in Beziehung zu setzen."*

Mitte August bin ich wieder in Frankreich. Dieses Mal als Übersetzer für Gewerkschaftsgruppen auf Bildungsurlaub in Marseille. Ich genieße die Mischung aus

---

* *Merde. Karikaturen der Mairevolte Frankreich 1968.* Hrsg. von V. H. Brandes und H. Sylvester. Trikont: München 1968

** *Now. Der schwarze Aufstand.* Hrsg. von V. H. Brandes und Joyce Burke. Trikont: München 1968

Badeurlaub und aufrechterhaltenem politischen Anspruch – einen Urlaub ohne politische Legitimation hätte ich mir damals nicht zugestanden: Ich will die Jugendlichen nicht nur für das sommerliche Marseille sondern auch für die neuen Ideen begeistern.

An eine junge Arbeiterin

Ein Mensch,
der nichts weiß von seinen Möglichkeiten,
ist kein Dummkopf,
sondern ein von seinen Lehrern Betrogener.

I

Du kannst deine Jahre leben,
wie sie dir vorbestimmt,
Aber glaube nicht,
das sei die Freiheit,
die dir möglich:
Deine wahren Möglichkeiten zeigt dir niemand.

So lange die Sklaven mit Krumen zufrieden sind,
lehrt die Geschichte,
schlafen in Ruhe die Herren.

Wenn sie einmal im Jahr für drei Wochen
den Schein von Freiheit dir geben,
so wisse:
Sie schenken sie dir,
um dich für neunundvierzig Wochen
wieder zu fesseln.

Nichts fürchten die Herren mehr
als Aufruhr unter den Sklaven.

Und wenn sie dich dann
an den Wochenenden in die verplante Freiheit entlassen,
so wisse:
Sie verkaufen dir teuer
den Schein von Freiheit am Sonntag,

damit du am Montag
nicht an die Verbesserung deiner Lage denkst,
sondern hőffst auf den nächsten Sonntag.

II

Du liest über das Leben der Stars.
    Was aber liest du über dein eigenes?

Man rühmt die Erfolge der Reichen.
    Rühmt man auch deine Erfolge?

Du fragst nach den Wünschen deiner Herren.
    Wer fragt nach deinen Wünschen?

Du hörst die Versprechen der Mächtigen.
    Wie aber erzwingst du dein Recht?

Du hörst, was sie von dir fordern.
    Wann endlich wagst du, von ihnen zu fordern?

Sie sagen, sie geben dir alles.
    Warum sagst du ihnen nicht:
    Wir geben euch nur so lange noch etwas,
    wie wir, die Mehrheit, unsere Macht noch nicht kennen.

Erst wenn die Sklaven den Mut haben,
Nein
zu sagen,
beginnt das Neue.

Selbst am Strand kann ich den Jugendlichen praktischen Nachhilfeunterricht erteilen, sind doch die muskulösen Bademeister, die da mit jungen Damen Volleyball spielen, sich um tretbootfahrende Kinder sorgen und mich hilfsbereit ins Krankenhaus bringen, als ich mir im stürmenden Meer meinen Fuß an einer Glasscheibe aufreiße, Angehörige jener CRS, die da im Mai in Paris an vorderster Front den Kampf gegen uns führten, wegen ihrer Brutalität berüchtigt und gefürchtet.

September 68. Kaum aus Frankreich zurück, muß ich weiter in meine Heimatstadt. Mein Vater liegt im Sterben.

Zum Tode von Ka Be

Ka Be, mein Vater, sechzig,
als sein Herz aussetzte:
Er hatte sich zu Tode geraucht –
die Lungenbläschen voll Teer,
wie der Arzt feststellte,
und dann aufs Herz.

Er hatte sein Leben durchgehalten
ohne den Mut,
nach sich selbst zu greifen.

Er gab uns mehr, als üblich war
(Manche kritisierten ihn: Man darf die Kinder nicht verwöhnen,
muß auch mal hart durchgreifen,
von einer Tracht Prügel ist noch keiner gestorben usw.)
und fesselte uns in seiner Liebe,
von der er nie sprach.

> Gegen seine erklärten Feinde zu kämpfen ist leicht,
> aber gegen den Feind,
> der sich in der Liebe verbirgt,
> kämpfen zu lernen,
> ist schwer.

Heute denke ich,
unglücklich und befreit zugleich,
an ihn zurück.

Unglücklich,
weil ich ihm nicht offen sagte,
weshalb ich ihn enttäuschte,
als er noch hoffte,
daß ich werde wie er.
Weil ich ihm nicht sagte,
daß ich bereits neunundzwanzig sei
und noch immer ohne bürgerliche Existenz,
weil ich das Ende jeder bürgerlichen Existenz will
und nicht, weil ich dumm bin oder faul.

Wenn du jünger wärst,
so dachte ich,
wärst du anders geworden.
Dafür hätte ich schon gesorgt.
In eine schlagende Verbindung oder zu den Nazis
wärst du nicht gekommen.

Du warst Opfer dieser Gesellschaft,
hast sie in dich hineingefressen,
still und geduldig und ohne Protest.
Dennoch: du warst Kollaborateur,
hast Sieg Heil! geschrien wie Millionen andere,
bist '33 in die SA und dann in die Partei
und hast dich ins Private zurückgezogen,
wo es dir möglich war.
Du warst der unauffällige Mitläufer –
immer noch schlimm genug.

Und doch ist damit noch nicht alles gesagt.
Du hast wenig von dir gesprochen –
wer aus deiner Generation kann das schon?
Aber ich glaube,
du hast die Menschen geliebt,
warst ein guter Lehrer,
wenn auch kein mutiger.

Das,
was dich quälte,
sagtest du selbst in deiner letzten Stunde noch nicht.
Auch ich habe wie immer
nicht zu sprechen gewagt.
Dann war es zu spät.
Du warst gegangen,
enttäuscht,
ohne gefragt zu haben.

Sie rissen deinen toten Leib an sich,
warfen mit Blumen nach dir und Kränzen,
du, der du Blumen nie mochtest.
(„Ach, das verdammte Grünzeug!")

Ich irre zwischen den Beleidigungen und den Tränen umher
auf der Suche nach einem Zeichen von dir.
(Vielleicht dein Husten?
Du hast ja immer gehustet,
freundlicher Raucherhusten
und später Schmerzhusten.)

Man lernt,
schwitzende Hände zu drücken,
gewöhnt sich
an das Standardbeileid .
Nur an die Phrasen
gewöhnt man sich nicht:
Er war ein dienstwilliger Staatsdiener,
treu und bescheiden
bis in den Tod,
ein Mann des Friedens und des Ausgleichs, im
Namen des Regierungspräsidenten usw.
Sie versprachen ihm unter Kirchengeläut
ein ehrenvolles Vergessen
erster Klasse.

Ka Be stirbt seinen zweiten Tod –
von den Phrasen erschlagen.
Warum stehst du nicht auf,
sagst,
was soll der ganze Blödsinn?
Ihr wißt doch,
ich bin für diesen Unfug nicht zu haben.

Aber du bist ja wehrlos,
dienst ihnen noch im Tode
wie im Leben.

Lernen wir Lebenden uns zu wehren!

Und die Lebenden beginnen sich zu wehren – weltweit. Kaum ein Bild symbolisiert diese Entschlossenheit stärker als das der beiden afro-amerikanischen Olympiasieger im 200-Meter-Lauf, John Carlos und Tommie Smith, die im Oktober '68 im Olympiastadion von Mexiko auf dem Siegerpodest stehen und mit einem schwar-

zen Handschuh über der geballten Faust den Arm zum Black-Power-Gruß erheben – vom Fernsehen in alle Welt übertragen. Ein Aufschrei der Empörung geht durch die weiße Welt. Wir aber sehen darin eine Geste, die uns aus dem Herzen spricht: dem System selbstbewußt die Faust entgegenstrecken.

J. spricht selbst in der tiefsten Provinz über das rebellische schwarze Amerika. Ich bin dabei als Übersetzer der Botschaft. Der Wille, verändernd einzugreifen, treibt uns zu analytischer Schärfe. Es gilt, die Spreu vom Weizen zu trennen, auch unter Schwarzen: die schwarze Haut allein macht keinen besseren Menschen. Das muß Léopold Senghor – Symbol eines afrikanischen Onkel Tom – erfahren, als ihm im Herbst '68 der Friedenspreis des Deutschen Buchhandels in Frankfurt überreicht wird und es zur Schlacht vor der Paulskirche zwischen Polizei und demonstrierenden Studenten kommt. Von derartigen Gedanken geht aber auch das im Frühjahr 1969 entstandenen Gedicht über Ted Joans aus, der wie Senghor schwarz *schreibt und dessen Seele doch* weiß *ist.*

Ted Joans

Wie sich unter weißen Schafen ein schwarzes findet,
So unter schwarzen ein weißes.

Dichter von eigenen Gnaden:
Black-Power-Poet Ted Joans.
Fern vom Kampf seines Stammes (Afroamerika)
in Timbuktu (Afrika)
oder zum Tee bei Verlegern in München.

Manchmal auch Gast schuldbewußter Menschen,
die den Star von eigenen Gnaden,
Onkel-Tom-im-Black-Power-Gewand,
empfangen als Stellvertreter
Millionen schwarzer Opfer des Rassismus.

Wer aber den Mut hat,
Ted Joans nicht mit dem Opfer,
das andere brachten,
zu entschuldigen,
sondern der selbstherrlichen Stimme des Dichters lauscht,
der hört:
Ihr könnt nur erlöst werden,
wenn ihr mich, Ted Joans, Black Poet, ertragt wie ich bin,

Schwarz wie Tschombe, Kasavubu und Senghor,
die euren Hitlers, Stalins und Churchills nur eines voraus haben:
A BEAUTIFUL BLACK SOUL.

Mißtraut dem, der nur Dichter sein will
und nicht Revolutionär,
der seine Gedichte zelebriert
aber nicht diskutiert
und in die Sprache der Unwissenden überträgt,
damit sie lernen!

Ted Joans
ist nicht Black Power,
ist nur ein Reisender in Gedichten
an europäischen Höfen.
Schwarz, aber nicht revolutionär!

Black Power, das sind
die lernenden Analphabeten in Mississippi,
die erschöpften Mütter von Harlem,
die streikenden schwarzen Arbeiter von Detroit,
die hungrigen Kinder aus den Ghettos, die sagen, wir sind schön,
die ihre Sklavengeschichte erforschenden schwarzen Studenten,
die farbigen Polizisten, die ihre Uniformen verbrennen,
die GIs, die nicht mehr für ihre Unterdrücker zu sterben bereit sind,
Die schwarzen Panther, die sich mit der Waffe in der Hand verteidigen.

(Ted Joans aber ist unterdessen mit großen Phrasen im Mund
und einigen Büchern unter dem Mantel
verschwunden.
So did you do your own thing, Ted?)

Das Jahr 1968 geht zu Ende. Im Dezember verlasse ich die WG und ziehe in meine erste eigene Wohnung. Dritter Stock. Altbau im Lehel. Ohne Dusche oder Badewanne, das WC auf der Treppe. Ich atme auf. Es war nicht nur die räumliche Enge, die mich zunehmend bedrückte; wir hatten uns in der WG auch immer mehr auseinandergelebt. Das begann im Alltäglichen und endete in den Höhen der Politik. Niemand fühlte sich mehr berufen, Küche oder Bad zu putzen. Was im Kühlschrank war, wurde bis auf den letzten Bissen verschlungen; neues nicht gekauft. Wer Essen aufbewahren wollte, hortete es an einem geheimen Ort. Von befreiter, kollektiver Lebensweise keine Spur. Gleichzeitig drifteten wir politisch weiter aus-

einander. Unsere Differenzen waren nicht mehr nur kontroverse Standpunkte im Diskussionsmarathon; sie führten auch zu unterschiedlichen Organisations-und Praxisansätzen. Der SDS war immer weniger das Dach, das uns zusammenhielt.

Und auch zu J., die zunächst noch in der WG blieb, suchte ich mehr Distanz. Eine Weile können Leidenschaft und Nachsicht die Schwierigkeiten, miteinander zurechtzukommen, überdecken. Doch irgendwann läßt sich der Schein verflogener Harmonie nicht mehr aufrecht erhalten. Was sich unter den Ansprüchen, es endlich anders zu leben, an Enttäuschung aufgestaut hat, bricht sich Bahn.

J. und ich beginnen, verschiedene Wege zu gehen. J. bewegt sich auf die Psycho-Szene zu, die gerade in dieser Zeit, in der der erste Ansturm gegen das System ins Stocken geraten ist und vielerorts Ratlosigkeit und Resignation zu spüren sind, einen starken Aufschwung erlebt. Die Auseinandersetzung mit sich selbst steht für J. immer mehr im Mittelpunkt. Ich dagegen verhärte zunehmend. Verspotte den „Psycho-Sumpf". Entfaltung der Subjektivität ist für mich gleichbedeutend mit ihrer Aufhebung im kollektiven Kampf für die Emanzipation aller; die revolutionäre Partei ist die Organisationsform, in der die Selbstaufhebung des Individuums im Kollektiv ihren höchsten Ausdruck findet. Georg Lukács' Geschichte und Klassenbewußtsein, *die das wie vielleicht keine andere Schrift fordert, fasziniert und ängstigt mich zugleich: War mein bisheriger Weg nicht alles andere als der der Selbstauflösung in dem als unfehlbar gesetzten revolutionären Kollektiv? Doch ich finde einen Ausweg: Der Anspruch an das Individuum ist zwar richtig, doch leben wir in einer Zeit, in der die kollektive Organisationsform noch nicht so weit entwikkelt ist. Mit diesem Trick erhalte ich mir die Luft zum Atmen.*

Warum diese rastlose Suche nach theoretischer Klarheit und radikaler Praxis, die heute kaum noch nachzuvollziehen ist? Da war die Notwendigkeit, den Bruch mit der älteren Generation rigoros und politisch begründet zu vollziehen. Damit verbunden war aber auch die Erfahrung, abgeschnitten von einer lebendigen Tradition des Widerstands Neuland zu betreten und uns eine unterdrückte Geschichte erst wieder aneignen zu müssen – auf eine von uns zu findende und zu bestimmende Weise. Wir waren überzeugt von unserer historischen Aufgabe und bereit, ihr unser Leben unterzuordnen. Zweifel und Skepsis waren verpönt. So stark war diese Überzeugung, daß sie viele von uns schließlich realitätsfremd werden ließ – so manche Politikansätze der späten sechziger und frühen siebziger Jahre künden davon. Aber wir haben auch dafür gesorgt, daß die Bundesrepublik sich veränderte. Eine spezifische Art totalitärer Gesellschaft im Gewand von Freiheit und Demokratie wurde in die Krise gestürzt. Noch 1983 meinte Bruno Heck, ehemaliger Generalsekretär der CDU: „Die Rebellion von 1968 hat mehr Werte zerstört als das Dritte Reich. Sie zu überwinden ist daher wichtiger, als ein weiteres Mal Hitler zu überwinden." So bösartig der Vergleich auch ist, so bezeichnend ist er zugleich für die Hüter der alten Ordnung: Nicht das Hitlersche Erbe beunruhigt sie, sondern das, was 1968 angerichtet hat – und das noch Jahre danach.

12

Oktoberträume

Es ist kein Zufall, daß ich in jener Zeit, in der jede Äußerung von Subjektivität sehr schnell mit dem Etikett „kleinbürgerlich" belegt wird, kaum etwas Persönliches mehr schreibe. Die Rekonstruktion des zu Ende gehenden Jahrzehnts besteht so vor allem aus Erinnerungen.

Die Wege, die J. und ich gehen, widerspiegeln nichts Ungewöhnliches. Ein Teil der Szene sucht angesichts des ins Stocken geratenen Aufbruchs und enttäuschter Hoffnungen einen Ausweg in der Hinwendung zur eigenen Person. Andere machen sich auf den langen Marsch durch die Institutionen, seit mit Beginn der sozialliberalen Koalition im Herbst 1969 Hoffnungen auf die Reformierbarkeit staatlicher Institutionen aufblühen. Aber auch die mit der Studentenbewegung entstandene Subkultur lebt weiter fort. Es ist die Zeit, da immer mehr selbstorganisierte Projekte gegründet werden – vom anti-autoritären Kinderladen bis zum linken Buchhandel. Ein Teil der Bewegung aber verhärtet sehr schnell. Vom Spontaneismus der Aufbruchphase bleibt wenig übrig. Manche, die gerade angefangen hatten, mit Bart und langen Haaren und in abgetragenen Jeans herumzulaufen, vollziehen bereits die nächste Kehrtwendung: von einem Tag auf den anderen fallen Bart und lange Haare, verschwindet der Gammel-Look im Müll und kommt die Krawatte wieder zu Ehren. All das, um sich an die Arbeiterklasse heranzupirschen, die man als das historische Subjekt ausgemacht hat, das es aus dem Dornröschenschlaf zu erwecken gilt.

Unter dem brüchiger werdenden Dach des SDS gehen so die Genossen – von Genossinnen spricht man trotz ihrem ersten Aufbegehren noch immer nicht – in die Startlöcher: es wird gegründet. Der SDS mit seinen verwirrenden Linienkämpfen gilt als historisch überholt. Wir streben raus aus dem studentischen Ghetto. Die Stunde gehört den zahlreichen Zirkeln und Mini-Parteien, die da mit dem Anspruch aufbrechen, die alleinige Wahrheit zu verkörpern.

Zu Beginn des nächsten Jahrzehnts wird dann der SDS auch formell aufgelöst. Man glaubt die Zeit reif, sich endlich von einer studentischen Perspektive zu verabschieden, um die Sache aller Unterdrückten in die Hand zu nehmen. Die Ereignisse nach dem Attentat auf Rudi Dutschke, vor allem aber die Anti-Notstandskampagne haben nicht nur die Isolation der Studenten gezeigt, sondern auch erste Möglichkeiten zur Überwindung dieses Zustandes sichtbar werden lassen. Diese Perspektive zu verbreitern wird zum vorrangigen Ziel. Bezugspunkt aller politischen Arbeit ist jetzt die Arbeiterklasse. Organisiert werden soll sie von unten – an der Basis. Basis wird zum Schlüsselbegriff der politischen Arbeit in den nächsten Jahren. Doch schon bald tritt für viele ein anderer Begriff hinzu: der der marxistisch-leninistischen Kaderpartei, die es mit allen Kräften aufzubauen gilt.

Auch ich selbst treibe im Strom der Zeit – allerdings fernab der diversen maoistischen Plagiate einer altstalinistischen Partei. Ich löse mich von der Zentrale im Ausland – verschiedene Spaltungen und Brüche befördern den Prozeß – und beginne, mein eigenes Grüppchen um mich zu scharen. Auch für mich kreist alles um die

Organisierung der Arbeiterklasse. Erster Ansatzpunkt ist die gewerkschaftliche Bildungsarbeit, die ich seit Jahren mache. Es ist die Zeit, in der nach der Studenten- und Schülerbewegung auch eine Lehrlingsbewegung in den Betrieben entsteht und sich die ersten unabhängigen Betriebsgruppen bilden. Ganz erfolglos sind wir damals nicht mit unserer Arbeit als Teamer in der Gewerkschaft, wenn auch die Angesprochenen zu unserem Leidwesen ihr neues Bewußtsein zumeist dazu nutzen, um den Betrieb zu verlassen und über den 2. Bildungsweg zu dem zu werden, was wir gerade hinter uns bringen: zu studentischem Nachwuchs.

Zunächst betreibe ich die Organisationsarbeit jedoch auf Sparflamme, will meine Dissertation endlich abschließen und das Studentenleben nach fast einem Jahrzehnt hinter mich bringen. So ziehe ich mich vorübergehend aus der politischen Arbeit zurück, fülle Hunderte von Seiten über das Verhältnis Afro-Amerikas zu Afrika und schreibe nebenher, fast zur Entspannung, ein Taschenbuch über das kämpfende schwarze Amerika. Bauchschmerzen, in einem bürgerlichen Verlag zu veröffentlichen, habe ich nicht mehr. Das Buch sollte ursprünglich bei Trikont erscheinen, doch klammheimlich suchten sie sich für dieses Projekt jemanden, der ihnen politisch eher in den Kram paßte. Ich entdeckte das erst aus dem Verlagsprospekt. So würde nicht einmal ein bürgerlicher Verlag mit mir umspringen, dachte ich und wechselte das Verlagslager. Ich habe meine Entscheidung nicht bereut.*

Andere Anforderungen der Szene machen mir mehr zu schaffen. Eine neue, rigide Moral bestimmt unser Leben. „Kleinbürgerliche" Lebensformen und -bedürfnisse – z. B. Urlaub, Wandern, Hobbies wie Kunst, Fotografie oder Klassische Musik, das Tragen anspruchsvoller Kleidung – haben in unserem Leben nichts mehr zu suchen. Die Bücherregale werden umgeschichtet – Joyce, Musil, Kafka und Proust verschwinden hinter der Kritik der politischen Ökonomie. So manche erlauben sich eine Ferienreise nur noch, wenn sie den Genossen in mediterranen Gefilden eine Bombe in der Reistasche oder im Kofferraum des Wolfsburger Käfers mitbringen oder Schwerstarbeit in einer Kooperative leisten – in sich dennoch den Traum vom faulen Strandleben. So wird zu neuen Fesseln manches von dem, was als Schritt in die Befreiung begann.

Und doch ist dieser Prozeß keineswegs einheitlich. Vieles ist und bleibt ein Fortschritt gegenüber dem, was war. Ich bin erstaunt, als ich 1969 noch einmal in ein Seminar gehe: welche Offenheit der Diskussion, welcher Mut, zu denken und zu fragen. Allein die Tatsache, daß die Studenten sich nicht mehr untereinander siezen, fördert ein entkrampftes Miteinander. Die neue rigide Moral, geboren aus der radikalen Ablehnung der alten, wird zur einengenden Wirklichkeit, doch alles zu erstikken, vermag sie nicht.

---

* V. Brandes/J. Burke, *USA – Vom Rassenkampf zum Klassenkampf. Die Organisierung des schwarzen Widerstandes.* dtv: München 1970

Ich sitze in jener Zeit in meiner Wohnung und fühle mich einsam und allein mit meiner Arbeit wie Generationen von Dissertationsschreibern vor und nach mir. Mein Blick konzentriert sich wieder auf die USA – doch nicht nur wegen der Arbeit, an der ich schreibe. Was dort geschieht, betrifft die ganze Welt. Mögen die Herren der USA 1969 auch den ersten Menschen auf den Mond schießen, der Krieg auf Erden bleibt das, woran sie gemessen werden – der Krieg gegen das ferne Vietnam wie gegen das eigene Land.

Heimkehr vom Mond

1. Probeflug

Am 26. Mai 1969 kehrten drei Astronauten von einem Probeflug um den Mond zurück. Im Morgengrauen dieses denkwürdigen Tages stürzte das Schauspiel, an drei Fallschirmen baumelnd, in den Haifischtintenblauenpagospagospostkartenozean ungezählter Fernseher zwischen Tokio und Traunstein, zwischen Melrose und Melbourne.

Hurrah! Wir sind wieder da,
Drei Boys aus dem Wunderland USA!
Die Fahrt um den Mond
Hat unser Leben verschont.
Hurrah! Wir sind wieder da!
HURRAH!

Der Nation und der Menschheit, im Stolze vereint,
Ihr als die wahrhaft Größten erscheint:
Bomberpiloten von Hiroshima, Hanoi und Hannover,
Raumflugpiloten vom Mond
In der Uniform von
US-SUPERMAN.

NOCH NICHT:
Hanoi ist noch nicht begraben.
Peking ist noch nicht begraben.
Berlin ist noch nicht begraben.
Das Weiße Haus ist noch nicht begraben.
NOCH NICHT.
Sie fallen aus immer größeren Höhen

Immer genauer:
Die Bomben vom Mann im Mond
US-MICKY MOUSE.

Bombardiert doch das Pentagon!
Zerstört ABM, B–52, CIA, MIC.
Count Down:
Beim Eintritt in die Atmosphäre des Imperialismus verglüht.
Und über dem Blut der erloschenen Sterne
Fällt Asche.
Fall Out!
Wascht eure schmutzigen Hände
Zum Kill-In beim Fernsehmann im Mond
US-DONALD DUCK.
Zerbomben, vernichten, verpulvern, verbrennen,
Erhängen, zerreißen, erwürgen, vergasen, verhungern,
Foltern, vergiften, erdrosseln, erschießen, zerhacken,
Kollektiv konzentrieren und exterminieren
Durch den Mann im Mond.

Der Präsident betet.
Der Ex-Präsident betet.
Der Präsidentschaftskandidat betet.
Die Ehefrauen beten.
Alle beten.
Die Testaffen
Aber hängen unter dem schwarzen Himmel,
Die Bomben gerüstet zum letzten Gefecht.

H-Bomben-Erfinder Teller fordert:
Erprobt doch endlich die Bombe am Mond!
(Und dann macht Ernst auf der Erde...)
WOUW! WOUF! PENG! YEAH! WHY? AU! NO!

Im trüben Tropengrauen
Steigen die drei aus den Hornissen über den roten Teppich
des Blutzeugträgers – Totenjägers
nach Pagos Pagos,
US-Kolonie im Haifischtotenmeer,
Federnden Schrittes, sonnigen Lächelns, Lippen geöffnet,
Fernsehrasiert mit Weltraumschaum:

Hurrah, wir sind wieder da!
Drei Boys aus dem Wunderland USA!
HURRAH!

2. Exkurs über die Mordhornissen

Am 18. Mai 1966 übernachteten vier US-Ledernacken im Kampfanzug auf dem Weg nach Berkeley auf einem einsamen Campingplatz in den Rocky Mountains. An den Lagerfeuern verängstigter Touristen berichteten sie aus dem Bauch der Hornissen:

Erster Marineinfanterist:
Ich war Sensenmann
Mähte Vietnam
Wie ein reifes Feld:
Frauen, Kinder, Hunde, Ziegen,
Alles blieb durchsiebt dort liegen.

Zweiter Marineinfanterist:
Ich bin im Urlaub,
Lebe auch hier vom Raub
Wie in Vietnam,
Von wo ich fürn paar Wochen kam.

Dritter Marineinfanterist:
Ich brauche den Kampf,
Urlaub ist Krampf.
Ich will die Studenten,
Die roten Enten,
Und diese Peacenicks
Und diese Beatnicks
VERDRESCHEN
Das wird ein Spaß
Ein Urlaubsfraß,

Vierter Marineinfanterist:
Ich bin Pilot,
US-Hornisse.
Die Roten schwitzen Blut und Pisse.
Wohin ich meinen Rüssel steck,

Da liegt schon so ein Haufen Dreck,
Dem schieß ich dann die Eier weg!

Gemeinsam:
Die Boten der neuen Zeit
Stehn immer kampfbereit.

3. Ernstfall

„Der Mond ist jetzt ein Ami“
(Bild-Zeitung 22.7.1969)

„Wir kamen in Frieden“
(Präsident Nixon, „Botschaft an den Mond“)

Ist der Mond jetzt ein Ami?
Wie Saigon, Berlin, Tokio, Okinawa, Guantanamo?
Puffs, Comics, Chevies, GIs und CIA?
Mit dem Sternenbanner
Im Napalmregen?
Ist der Mond jetzt ein Ami?

„Die Menschheit ist stolz auf euch“
(Präsident Nixon)

Als der Mann im Mond,
Apollo der Elfte,
Seinem Präsidenten antwortete,
Kämpfte er mit den Tränen.
Kämpfte er auch mit den Tränen,
Als sein Präsident erklärte,
Die Menschheit sei stolz auf die Boys in Vietnam –
Bombenleger, Totengräber?

Es war eine perfekte Landung
Im Meer der Stille
Im Pulverstaub
Der verbrannten Städte...

Soll der Mond ein Ami sein?

Moon Drops, Money, US-trainierte Nutten?
Und im Aufruhr lodernde Städte?
FEUER FREI!
Soll die Erde ein Ami sein?
Sollen wir alle ein Ami sein?

4. Das alles ist möglich

Die Präzision,
Mit der die Raketen treffen,
Die Computer berechnen,
Die Bomben fallen,
Die Panzer vom Fließband rollen
Die Herrschenden herrschen,
Das alles ist möglich.

James Bond,
Adolf Hitler,
Micky Mouse,
Der Mann im Mond,
Body-Count von Berkeley bis Berlin.
Donald Duck zählt aus.
Das alles ist möglich.

Aber auch das:
Die Mutter ohrfeigt den Helden.
Die Hausfrau erschlägt Supermann mit einem Hammer.
Der arbeitslose Monteur erwischt Henry Ford in seiner Limousine.
Vom Dach fällt ein Stein auf die Funkstreife.
Der Siebenjährige bespuckt den Hausbesitzer.
Plötzlich setzen die Arbeiter aus
Und nicht die Maschinen.

Lauter als die Sirenen klingt die Empörung der Menschen.
Unter dem Schild VERBOTEN tanzen die Ungehorsamen.
Auf den Bajonetten blühen die Nelken.
Die Hornissen werfen ihre Besatzer ab
Und hissen die rote Fahne.
Das alles ist möglich.

My Lai*

Erst war's ein Massaker
Dann feilschten sie um die Toten
(Es wurden immer weniger)
Schließlich war's ein Versehen
Und wenn man nicht aufpaßt
Gibt's sogar noch 'nen Orden
Für den Mord
An einigen hundert Zivilisten
Im Namen von
PEACE AND FREEDOM

Ich stürze mich jetzt auf politökonomische Analysen, vom Klassenstandpunkt aus geschriebene Kommentierungen politischer Ereignisse, revolutionäre Aufrufe und Deklarationen. In den wenigen Gedichten, die noch entstehen, seziere ich bürgerliche Normalität – mag sie Madagaskar oder Paris zum Schauplatz haben. Wie in einem Brennglas fasse ich etwas von dem zusammen, was mich politisch bewegt.

Corned Beef aus Madagaskar
oder:
Angebot und Nachfrage

Ihr (aus Europa) schickt
Denen da (in Afrika)
Einige Kühe,
Damit sich Afrika entwickle
Und euch bezahle
(Mit Zinsen natürlich).

Dann schickt ihr denen da (in Afrika)
Blechdosen und bedruckte Banderolen
(Für die sie natürlich bezahlen),
Damit sie die Kühe hineinstecken.

---

* In dem vietnamesischen Dorf My Lai ermordeten US-Soldaten 1968 mehrere hundert vietnamesische Zivilisten. Die Aufdeckung dieses Massakers trug wesentlich zur Ablehnung des Krieges in den USA bei.

Da die in Madagaskar kein Geld haben,
Eure Kühe in Dosen zu bezahlen,
Kauft ihr sie ihnen
Aus Menschlichkeit ganz billig ab
Und verkauft sie zu Hause
Zu hohen Preisen
Wie eure eigenen Kühe in Dosen.

So kommt es, daß viele hungern,
Während man hört,
Daß die Kuhhändler manchmal ihre Kühe ins Meer schmeißen,
Damit die Nahrung knapp wird
Und die Preise steigen.

Der Befehl des Potentaten Po Do

Am 14. Juli des Jahres des Herrn neunzehnneunundsechzig
Untersagte der soeben erwählte Potentat
Des Frankenreiches Ping-Pong
Den üblichen Tanz in den Straßen
Zu Ehren des Jahres siebzehnneunundachtzig
Aus Furcht, der Tanz um die Bastille
Entarte in einen Tanz um den Kopf Ludwig Ping-Pongs.
So handelte ein weiser Herrscher
Im Jahre neundundsechzig.

Für den Tourismus hatte ich immer nur Spott und Verachtung. Wenn ich unterwegs war, ging's mir um Grenzerfahrungen. Unterwegs zu sein bedeutete Freiheit. Don't fence me in. Und als ich dann 1967/68 aufhörte, unterwegs zu sein, so nur, weil ich mir meine Grenzerfahrungen jetzt andernorts suchte: im politischen Kampf. Reisen war für mich in den nächsten Jahren nur noch legitim, wenn sich damit politische Zielsetzungen verbanden. Den üblichen Tourismus aber verspottete ich eher noch schärfer:

Bergdorf

Kuhglockengeläut
Ding Dong Ding
Kassengeklingel
Dong Ding Dong
Alpengipfel
Reichtumszipfel
Dialektgeräusche
Volkstumsbräuche
Europäischer Geist
Und Spießbürgerlichkeit
Bauernsleut
Die statt Kuheutern heut'
Touristen melken:
Mercedespreußen
Unter'm deutschen Stern.

Im Spätsommer fliegt J. für einige Wochen in die USA. Aufatmen. Die Unehrlichkeit auch dieser Beziehung. Immer das gleiche Muster: eine tiefe Angst vor Bindung, doch wenn die Frau die Unverbindlichkeit der Beziehung nicht mehr zu ertragen vermag und sich trennen will, alles tun, um sie zu halten; sobald sie aber wieder auf mich zugeht, aus Angst vor Nähe erneut zurückweichen. Das Spiel so lange wiederholen, bis nichts mehr bleibt und ich mich mit einer anderen, mit der alles ganz anders werden soll, auf und davon mache. Nur um dort das gleiche zu wiederholen.

Längst haben J. und ich uns innerlich getrennt und sind doch noch zusammen. J. hat eine zwischen uns nie angesprochene neue Beziehung angefangen – so offen, wie wir es propagieren, sind wir, wenn's an die Substanz geht, auch weiterhin nicht. Ich nutze die Freiheit während ihrer Reise in die USA und verliebe mich in G., Verlagsrepräsentantin aus der Frankfurter Szene auf Geschäftsreise in München. Wieder bin ich überzeugt, daß es dieses Mal ganz anders wird, daß ich ein lernfähiges Wesen bin. Sobald es geht, sind wir jungverliebt auf und davon – in Honfleur am Atlantik.

Wir genießen die Tage, leben auf. G. entsteigt nicht weniger als ich einer erstikkenden Beziehung. Lachend und glücklich springen wir über die Steine an der Seinemündung und sammeln Muscheln. Abends werden sie uns von der Wirtin zubereitet. „C'est bon pour monsieur", sagt sie augenzwinkernd mit Blick auf die Muschelberge in unseren Tellern. Einige Jahre später lese ich dann, wie quecksilberverseucht jene Muscheln an der Seinemündung sind, die die Potenz angeblich so stei-

gern. Schritt für Schritt verlassen wir den Zustand ökologischer Unschuld – doch das gehört zur Geschichte des nächsten Jahrzehnts.

Damals essen wir die Muscheln noch unbesorgt und setzen uns dann zum Wein in eine verrauchte Kneipe. Über mir an der Wand ein vergilbtes Werbeschild – Aurora Mehl. Mich treibt der Name in ganz andere Gedanken:

Oktober in Honfleur

Im Schatten vergessener Größe schlafender Hafen:
Tor zur Neuen Welt,
Längst verriegelt. Und
Unter dieser Nacht sich krümmend
Die kleinen Cafés.

Zechprellende Fischer, lärmende Mittelschüler, die Männer vom
    Hafen und manchmal ein verspäteter Oktobertourist.
Warten auf die Zukunft
    Im Echo des Lockrufs
        MULTIDOSE AURORA!
Morgenröte der Zukunft (damals)
Geschützgrollen der Revolution
Oktober '17
Im Blut erstickt und in der Bürokratie.
Was ging nicht alles schief?

Dann kam '36.
Die Caféhausbesitzer, Gemüsehändler, Kleinbauern und Marktweiber
In panischer Angst vor der Hoffnung:
    Frankreich wird niemals rot!
    Schlagt alle Juden tot!
Unter den Kommißstiefeln der Barbaren
Im Jahre '40
Siegte ihr Traum.
Als dann der Größte der Gallier die Heimat rettete,
Schrien sie wieder Ruhe und Ordnung:
    Hängt die Roten auf!
    Schlagt feste drauf!

Demonstrieren heute selbst,
Die Gemüsehändler, Krämer und Kleinbauern,

Die Freund und Feind nicht zu unterscheiden wußten,
Stürmen Rathäuser und Polizeistationen,
Bauen Barrikaden und werfen mit Kartoffeln –
Noch immer mit falscher Perspektive.
Wollen die Vergangenheit retten
(Den Klüngel)
Vor dem Allesfresser
Statt die Lösung zu suchen in der Zukunft:
MULTIDOSE AURORA POUR LA BOURGEOISIE!
beep! beep! bang! bang!
pam – pam!

Morgenröte –
Über den schwarzen Eisenfäusten des Hafens
Ein neuer Tag.
An die Arbeit!

Die Spätsommertage am Atlantik gehen zu Ende. Wieder in München kommt es zum Bruch mit J. Zurückgekehrt aus den USA, erfährt sie von R., dem Plappermaul, bereits am Flughafen, daß ich mich mit einer anderen auf und davon gemacht habe. Betroffenheit, Enttäuschung und Haß. Ich versuche, den Spieß umzudrehen: „Aber du hast doch selbst..." Das, so schreit sie mich an, sei nicht das gleiche. Wir trennen uns nicht anders als die, denen wir uns doch so überlegen fühlen. Erleichtert lasse ich mich, nachdem das hinter mir liegt, in die Beziehung mit G. fallen. Das Ende ist – das zur Beruhigung derer, die bereits einen Fortsetzungsroman mit ewig gleichen Episoden befürchten – nicht mehr Sache dieses Jahrzehnts...

Es ist der Herbst 1969. Septemberstreiks. Unsere Hoffnungen auf ein Erwachen der Arbeiterklasse scheinen in Erfüllung zu gehen. Kurz darauf die erste sozial-liberale Koalition unter Willy Brandt. Auch wer kein Freund der SPD ist und die aufkeimenden Illusionen nicht teilen mag, setzt auf günstigere Bedingungen für den Kampf um weitergehende Ziele.

Wie bunt doch die politische Landschaft der BRD in dieser Zeit ist. Zahllose Initiativen entstehen an der Basis. In den Institutionen rumort es. Kaum ein gesellschaftlicher Bereich, in dem es sich nicht bewegt. Die Zeit des Atemholens scheint vorbei.

Ein Jahrzehnt geht zu Ende, das wie vielleicht kein anderes in diesem Jahrhundert von Hoffnung und Aufbruchstimmung geprägt war, wenn wir auch nicht vergessen sollten, wie groß selbst damals die Angst vor der Zukunft oft war.

Wir haben die Geschichte wieder in Gang gesetzt

Die Geschichte ging weiter, und dennoch soll sie mit dem Ende des Jahrzehnts zu Ende sein. Mag dieser Einschnitt auch willkürlich sein, so fällt er doch mit dem Zeitpunkt zusammen, an dem die Rebellion der Generation der Kriegskinder an ihre Grenzen stieß. Der Bruch mit den Nazieltern war vollzogen, doch wie es weitergehen sollte, war weniger klar, wenn auch oft der Eindruck vermittelt wurde, als sei nichts eindeutiger als das. Hinter all den Revolutionsstrategien, die sich im Besitz des einzig richtigen Weges wähnten, verbarg sich auch viel Unsicherheit. Derartige Zweifel hätte sich allerdings kaum jemand angesichts der historischen Aufgabe, die auf uns lastete, eingestanden.

Wir haben in den sechziger Jahren manches erreicht, an Entscheidendem aber sind wir gescheitert. Wir haben weder die Notstandsgesetze verhindert, noch den Springer-Konzern zur Aufgabe gezwungen oder die Hochschulreform gestoppt, geschweige denn das kapitalistische System insgesamt in Frage gestellt. Wir haben die Bundesrepublik dennoch verändert – mit Nachwirkungen bis auf den heutigen Tag. Die Friedhofsruhe, die noch in den frühen sechziger Jahren über dem Land lag, ist, wenn auch die Christdemokraten längst wieder an der Regierung sind, nicht mit ihnen zurückgekehrt.

Das größte Verdienst der Bewegung von '68 ist vielleicht – auch wenn wir das damals nicht so sahen – die Zersetzung der herrschenden Alltagskultur. Wir können noch immer offener sprechen, freier denken und ungezwungener leben als vor der Revolte; die soziale Kontrolle über den einzelnen ist weniger allmächtig. Was in den sechziger Jahren als Emanzipationsprozeß begann, lebt bis heute fort.

„Die Revolutionäre müssen sich selbst revolutionieren." Die Befreiung des Subjekts wurde zu einer Forderung von großer Tragweite. Am Anfang stand die kollektive Thematisierung des individuellen Elends. Was dann aber an Befreiung gefordert und zu leben versucht wurde, ging weit über das hinaus, was die (klein)bürgerliche Gesellschaft mit Aufklärungskampagnen à la Oswalt Kolle oder der Anti-Baby-Pille an neuer Freizügigkeit bot.

Aus der Forderung nach Revolutionierung des Alltags und des Subjekts entstand ein neuer, bis heute fortlebender Politikbegriff: Politik von unten, verstanden als Gegensatz zur traditionellen Parteipolitik. An die Stelle von Funktionären sollten die um ihre Emanzipation kämpfenden Individuen treten. Mögen viele Initiativen jener Zeit auch längst Geschichte sein, so sind doch andere an ihre Stelle getreten. Veränderte Lebens- und Denkformen sind alltäglich geworden, werden nur noch selten auf ihren Ursprung hin befragt. Der Versuch des Aufbaus von Kaderparteien war demgegenüber nur eine Episode: die zum Scheitern verurteilte schlechte Kopie eines fragwürdigen historischen Vorbildes.

Wir haben erfahren, daß man nur etwas bekommt, wenn man bereit ist, auch die Spielregeln zu durchbrechen. Wir haben aber auch erfahren, daß es für einen Erfolg auf diesem Weg keine Garantie gibt und man sich blutige Nasen holen kann. Doch die Spielregeln nicht zu durchbrechen, wo es erforderlich ist, bringt erst recht nichts.

Aber es bleibt noch mehr an Nachwirkungen der Revolte von '68. Auch die Institutionen veränderten sich unter dem Einfluß der Bewegung, die sich auf ihrem Höhepunkt noch gleichgültig oder ablehnend ihnen gegenüber gezeigt hatte. Auswirkungen sind auch hier bis heute spürbar. Mag auch der aufrührerische Geist von '68 vergangen sein – die erstickende Normalität von einst ist nur selten wieder in die Institutionen zurückgekehrt.

Die Kultur des Landes bleibt von dem Umwälzungsprozeß jener Jahre beeinflußt. Viele leben in ihrem Alltag heute verhältnismäßig ungestört das, was einst härtesten Kampf erforderte. Und so manches davon ist – wenn auch in abgeschwächter Form – in breitere Bevölkerungskreise eingedrungen: die Auflockerung der Institution Ehe und die Alltäglichkeit nicht-ehelicher Beziehungen, die Idee der Wohngemeinschaft, eine freiere Kindererziehung nicht nur in Krabbelstuben, Kinderläden oder freien Schulen sondern auch in Kindergärten und Regelschulen, offenere Umgangsformen der Menschen untereinander, die Etablierung einer alternativen Kultur – von Straßenfesten bis zu selbstorganisierten Kulturzentren.

Das alles mag den Eindruck erwecken, als sei viel erreicht worden.Doch da ist auch die andere Seite – die der Entschärfung und Integration der Bewegung auf dem Weg ihrer Verbreiterung. Von einer Kraft, die das Bestehende aufzuheben trachtete, ist sie nur allzu oft zu einer Kraft der Erneuerung des Bestehenden geworden, hat dazu beigetragen, das System zu modernisieren und überlebensfähiger zu machen. Vom „wir" zu sprechen, was schon '68 höchst problematisch war, wurde endgültig unmöglich. Die Wege der Bewegten von damals haben sich getrennt. Viele sind in den Schoß des Bestehenden zurückgekehrt und blicken heute auf '68 als eine Jugendsünde.

An anderen Stellen stieß die Bewegung immer auf Granit, bewegte sich der Monolith auch nicht um einen Zentimeter. Nicht nur der ökonomische Krisencharakter des Systems besteht unverändert fort; auch die Gefahr eines neuen Weltkrieges ist nicht gebannt; und hinzugekommen ist eine von uns in den sechziger Jahren nicht erkannte, obwohl schon damals existierende Bedrohung: die der Selbstvernichtung der Menschheit auch auf „friedlichem" Wege. Super-GAU, Waldsterben, Gen-Manipulation, Zerstörung der Ozonschicht, Vergiftung der Luft, des Wassers und des Bodens stehen für diese Gefahr. Wir wissen heute, daß wir uns in einem Wettlauf mit der Zeit befinden, ja, daß es vielleicht schon zu spät ist. In den sechziger Jahren dachten wir noch in anderen Zeitperspektiven. Der Weg zur Befreiung würde notfalls auch viele Generationen dauern. Wir aber waren die, die die Geschichte wieder in Gang setzten.

Diese Sicherheit ist uns abhanden gekommen. Die Angst vor der Zukunft ist heute größer als die Hoffnung. In keinem Augenblick war dies stärker als anläßlich der Reaktorkatastrophe von Tschernobyl. Viele haben damals die Utopie begraben. Die Perspektiven haben sich drastisch verkürzt: Verhindern statt verändern. Apokalyptisches Denken ist in Mode, das Prinzip Hoffnung vielerorts zur Verzweif-

lungstat reduziert. Andere treibt dieser Ausblick in hemmungslosen Konsum: „Wenn wir schon keine Zukunft haben, wollen wir wenigstens hier und heute in vollen Zügen leben..."

Klassische Krisensymptome wie Arbeitslosigkeit und fehlende Berufsperspektiven tragen zusätzlich zur Vorherrschaft pessimistischer Einstellungen bei. Die Jugendforscher haben zu Beginn der achtziger Jahre die „No Future"- oder die „Null Bock"-Generation entdeckt. So hätte uns niemand charakterisiert. Wir glaubten an eine Zukunft – eine sozialistische sogar. Wer aber wagt davon heute noch zu reden? Wir sind ja schon froh, wenn wir überleben. Hier liegt ein wesentlicher Unterschied zu den sechziger Jahren, macht es vielleicht auch schwierig, denen, die damals nicht dabei waren, zu vermitteln, was uns trieb.

Unser Weg wurde in den siebziger Jahren schon bald gestoppt: die einen wurden nach der sozialliberalen Regierungsübernahme in die SPD integriert; die anderen durch Berufsverbote oder Arbeitslosigkeit ausgestoßen; die in die Betriebe gingen, bekamen zu spüren, wie schwer dort auch nur kleine Veränderungen durchzusetzen sind; und wer glaubte, den Imperialismus mit der Waffe in der Hand beseitigen zu können, saß schon bald in Beton, wenn er nicht unter der Erde lag. Das System wurde kurzfristig erschüttert, stellte sich dann jedoch schnell auf die neue Situation ein. Es reagierte nicht ungeschickt: mal integrierend, mal isolierend; mal verständnisvoll, mal mit äußerster Härte. Es hat die Bewegung erfolgreich gespalten und desorientiert. Von der Himmelsstürmerei blieb ein Scherbenhaufen zurück.

Warum dann noch daran erinnern? Warum mit einem Buch Genesis und Verlauf jener Ereignisse in einer individuellen Erinnerung rekonstruieren? Ich glaube, daß es eine Erfahrung gibt, die die Jahre überdauert hat und die heute so wichtig ist wie damals – die Kraft zum aufrechten Gang. Was man uns gab, bekamen wir nur, weil wir es mit unserer ganzen Person forderten. Ob diese Kraft das drohende Verhängnis verhindern kann, vermag niemand mit Sicherheit zu behaupten – oder zu widerlegen. So lange ein Rest von Hoffnung bleibt, lebt auch der Widerstand gegen Resignation und Verzweiflung. Dieser Widerstand aber braucht, will er eine Zukunft haben, die Besinnung auf die Utopie. „Wer keinen Mut zum Träumen, hat keine Kraft zum Kämpfen", hieß es auf einem Plakat in den siebziger Jahren. Und im Pariser Mai, der 1968 ungleich stärker als die Bewegung in der Bundesrepublik die radikale Utopie propagierte, forderten Graffiti an den Wänden: „Die Fantasie an die Macht!" Die Forderung ist bis heute unerfüllt: die Fantasie bleibt ohne Macht. Die Utopie deshalb resigniert beiseite legen? Als wir anfingen, den gesellschaftlichen Mief anzubohren, wußten wir auch nicht, ob es uns gelingen würde. Erst der Versuch machte uns zu Menschen. Vielleicht ist das die wichtigste Botschaft, die jenes Jahrzehnt in die Gegenwart trägt.

Bibliographischer Hinweis:

Entwicklungen und Veränderungen des persönlichen und politischen Weges, die wesentlich außerhalb der sechziger Jahre liegen, gehe ich nach in: „Versuch, mich der Vergangenheit zu nähern“, in: G. Koch / V. Brandes (Hrsg.): *Erfahrungen – Sozialisten bearbeiten ihre politische Sozialisation.* Verlag 2000: Offenbach 1980, S. 45–59; „Wie ich lernte, mit dem Krieg zu leben“, in: H. Lessing (Hrsg.): *Kriegskinder.* extrabuch: Frankfurt 1984, S. 154–158; „‚Nicht nur die Wirklichkeit war uns im Weg – auch wir selbst!' Über die Notwendigkeit des politischen Umdenkens“, in: *Sommerschule '80 – Selbstbestimmt Leben.* Verlag 2000: Offenbach 1980, S. 59–68; „Träumer und Totengräber. Linke Selbstveränderung, Räte-Ökotopia und das Packeis über Frankfurt und anderswo“, in: N. Kremeyer u. a. (Hrsg.): *Heute schon gelebt?* Verlag 2000: Offenbach 1981, S. 216–227; „Eine Reise zu uns selbst. Vom neuen und alten Interesse an Indianern“, in: V. Brandes u. a.: *Gegen Ende der Reise.* extrabuch: Frankfurt 1983, S. 53–64.

Bildnachweis:

Fotos Volkhard Brandes: Tote Bäume am Strand von Les Stes. Maries de la Mer, 1960 (S. 11); Selbstporträt, München 1960 (S. 17); Fontvieille, 1960 (S. 20); Auschwitz, 1968 (S. 41); Bahnfahrt im Sudan, 1963 (S. 71); Nilschiffahrt Kosti – Juba, 1963 (S. 76); Schilluk-Kinder am Weißen Nil, 1963 (S. 77); Frauen in der Bürgerkriegsprovinz Kivu, Kongo, 1963 (S. 87); Markt in Addis Abeba, 1963 (S. 89); Anti-Vietnamkriegsdemonstration anläßlich des Besuchs des US-Sonderbotschafters Harriman in München, 1965 (S. 108); Manhattan von der Brooklyn Bridge, 1966 (S. 113); Black Power Demonstration, 1966 (S. 125); unterwegs in den USA, 1966 (S. 127); Nordmexiko, 1966 (S. 132 oben); Rastplatz / Tankstelle zwischen Monterrey und Mexico D.F., 1966 (S. 132 unten); guatemaltekisches Kind, 1966 (S. 137); Anti-Notstandsdemonstration in München, 1968 (S. 166 und 167); Barrikadenbesucher am Morgen danach, Paris 1968 (S. 169); Pariser Plakatwand, 1968 (S. 170).

184 S.
DM 24,80
Frz. Br.
ISBN
3-925798-57-9

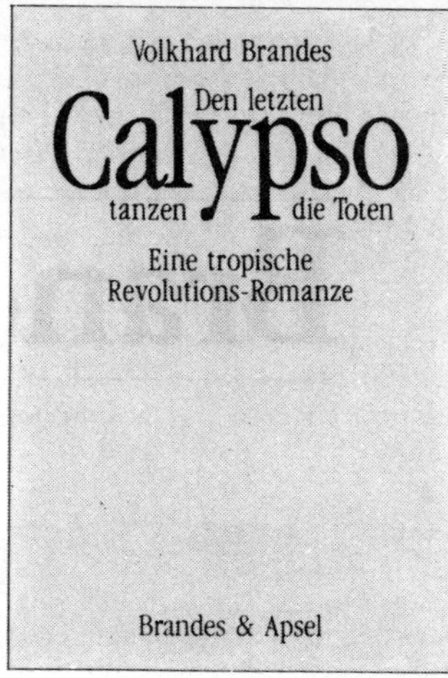

120 S.
DM 12,80
ISBN
3-925798-82-x

Fast vierzig Autoren schreiben über Kindheitserfahrungen ganz anderer Art, als diese Kinder sie sich erträumten: Erfahrungen der Zerstörung von Kindheit durch Krieg und Gewalt.
Der Bogen der Geschichten, die Geschichte erzählen, spannt sich vom 1. Weltkrieg bis in die Gegenwart.
Ein Buch für ältere Leser wie für die Kinder und Jugendlichen von heute – nicht ohne die Hoffnung, daß sie einmal andere Geschichten schreiben werden; die einer weniger bedrohten Kindheit.

Die Liebe zu einer Aufständischen läßt den Fremden vom Beobachter zum Beteiligten eines Kampfes werden, in dem es bald auch um sein eigenes Leben geht...
»Ein Abenteuerroman? Ein Buch über Befreiungskämpfe? Beides. Ein spannendes Buch, das Interesse wecken wird, mehr zu erfahren.« *(WAZ)*
»Volkhard Brandes begräbt nichts Geringeres als die achtundsechziger Romanze mit der Revolution. Seine traurigen Tropen umkreisen im flotten Calypsoschritt ein deutsches Desaster.« *(zitty)*

»Ich verbiete euch zu gehorchen«
Ernst Werner – Lehrer aus Leidenschaft wider die Unvernunft
Dokumente, Erinnerungen, Wirkungen
Hrsg. von Volkhard Brandes, Reiner Steinweg und Frank Wende

Ein eindrucksvoller Beweis, was ein einzelner Lehrer im starren System der Institution Schule der 50er Jahre in Bewegung zu setzen vermochte. Das Buch läßt die damalige Zeit ungeschminkt lebendig werden.

Brandes & Apsel Verlag · Nassauer Str. 1–3 · 6000 Frankfurt 50